Pflasterarbeiten
planen und ausführen

Schritt für Schritt wird alles erklärt...

25

Pflasterarbeiten
planen und ausführen

Schritt für Schritt wird alles erklärt...

eccomedia

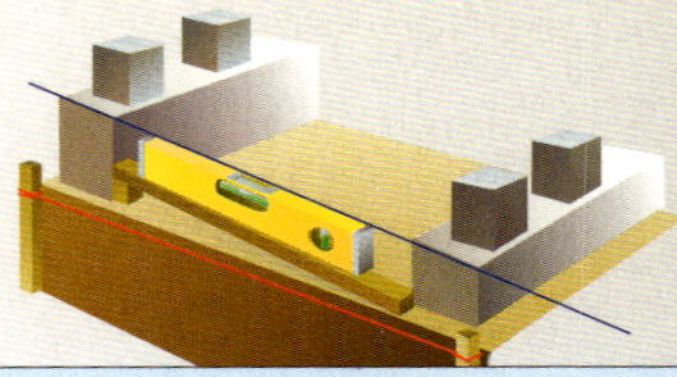

6 Materialkunde

12 Werkzeugkunde

18 Verlegetechniken

28 Pflasterarbeiten fachgerecht planen

Materialkunde

Damit Pflasterflächen die gewünschte Belastbarkeit bieten und gleichzeitig gut aussehen, kommt es auf die Wahl der geeigneten Materialien für Unterbau und Belag an

Natursteine, Klinker und Betonpflaster

So lange der Mensch mit Natursteinen und Ziegeln Häuser baut, so lange benutzt er diese Materialien auch schon, um damit Wege und Plätze zu befestigen. Am Anfang wurden große Kieselsteine oder Bruchplatten von Geröllhalden, so wie sie waren, ins Erdreich gelegt und zu einem einigermaßen ebenmäßigen Pflaster ausgerichtet. Später hat man Natursteine behauen, um ihnen weitgehend gleiche Form zu verleihen, oder man hat gebrannte Ziegel verwendet, die ohnehin annähernd gleiche Maße aufwiesen.

Natursteine

Bei den Natursteinen unterscheidet man zwei Gruppen. Zunächst sind die so genannten Hartgesteine zu nennen. Dazu gehören Granit, Porphyr, Gneis, Basalt oder Quarzit. In Steinbrüchen wird dieses Material gewonnen und dann zu verschiedenen Platten- und Pflasterformaten zurechtgehauen. Zur zweiten Gruppe gehören die Weichgesteine wie Kalk- oder Sandstein. Dieses Material wird in die gewünschten Formate zersägt. Aufgrund der wesentlich höheren Belastbarkeit stehen Hartgesteine als Pflastermaterial absolut im Vordergrund.

Natursteine weisen immer gewisse Maßtoleranzen auf und sind daher schwieriger zu verlegen als genormte Klinker- oder Betonsteine. Im Handel unterscheidet man zwischen Groß-, Klein- und Mosaikpflastersteinen. Die bei Großpflaster gängigen Größen sind: 13/15, 15/17 und 17/19 cm.

Oben ein Großpflasterstein aus Basalt. Links in klassischer Weise verlegtes Kleinpflaster aus Quarz-Porphyr

Der Fachmann bezeichnet damit Natursteinwürfel mit Kantenlängen von ca 14, 16 oder 18 cm. Nach oben und unten variieren die angegebenen Kantenlängen der Steine um maximal 1 cm.

Bei Kleinpflaster werden die Formate 9/11, 8/10, 8/11, 7/9 und 7/10 cm angeboten. Bei Mosaikpflaster sind die Größen 6/8, 5/7, 4/6 und 3/5 cm handelsüblich.

Verschiedene Natursteinpflaster im Überblick:
1 Basalt
2 Grauwacke
3 Metten Quarz-Porphyr
4 Granit Portugal
5 Granit hellgrau geflammt
6 Granit grau rötlich
7 Granit dunkelgrau
8 Schwedischrot
9 Andesit schwarz
10 Grauwacke neu
11 Carrara Marmor

Übersicht: Natursteinpflaster

Pflasterklinker werden heute in den verschiedensten Formaten angeboten

Pflasterklinker

Neben normalen Ziegeln werden zum Pflastern vor allem Klinker verwendet. Klinker sind wie Ziegel aus Ton gebrannt. Das Rohmaterial wird allerdings verdichtet und bei besonders hohen Temperaturen von über 1100 °C gebrannt. Dabei sintert der Ton, d. h. er schmilzt, und es entsteht ein sehr harter, biegezugfester, frost- und säurebeständiger Stein.

Pflasterklinker sind sehr maßhaltig. Im Handel werden die verschiedensten Formate angeboten. Standardgrößen sind beispielsweise 10 x 20 cm, 10 x 10 cm sowie 24 x 11,8 cm und 11,8 x 11,8 cm. Dabei sind wahlweise Dicken von 4,5 cm, 5,2 cm, 6,2 cm oder 7,1 cm erhältlich. Den gebräuchlichsten 20 x 10 cm großen Stein gibt es zusätzlich auch in 80 mm Dicke für besonders stark beanspruchte Pflasterflächen.

Weitere Formate sind 5 bzw. 5,7 cm breite Riegel, kleine Mosaiksteine mit 5,2 cm Kantenlänge und 5,2 cm dicke Platten der Maße 15 x 15 cm bzw. 24 x 24 cm.

Für die individuelle Verlegung stehen zudem Ecksteine, Kreissteine und viele weitere Formsteine zur Verfügung.
Die Farben variieren bei Pflasterklinkern in den verschiedensten Rot-, Gelb- und Brauntönen. Je nach Herkunft des Tons sind sogar blaue Farbtöne möglich. Klinker harmonieren sehr gut mit Natursteinen.

Der Rohstoff Ton und das Fertigprodukt Klinker. Klinker bestechen durch ihr natürliches Aussehen und hohe Widerstandsfähigkeit gegen Frost und Umwelteinflüsse

Betonpflastersteine

So genanntes Verbundpflaster aus grauen Betonsteinen wird vor allem zur preiswerten Befestigung großer Flächen im öffentlichen Bereich genutzt. Der private Bauherr greift heute eher auf die verschiedensten Sonderprodukte aus Beton zurück, die in vieler Hinsicht den Vergleich mit Natursteinen nicht zu scheuen brauchen.

Man benutzt für die Herstellung des Betons verschiedenfarbige Sände und Zementmischungen. Außerdem lassen sich UV-beständige und dauerhafte Eisenoxidfarben zumischen. Besonders hochwertige Steine entstehen, wenn man Zusätze aus Naturstein in den Beton gibt oder Feinsplitt aus Hartgestein in die Oberfläche einbaut. Werden solche Steine dann gestrahlt, geschliffen oder strukturiert, entstehen ausgesprochen edle Pflastersteine.

Der große Vorteil von Betonprodukten besteht darin, dass sich die verschiedensten Formen realisieren lassen. Der Handel bietet Steinprogramme, bei denen vom kleinsten Mosaikstein bis hin zur großen Verlegeplatte oder zur Palisade alle Produkte den gleichen Farbton bzw. die gleiche Oberfläche aufweisen. So kann bei der Außengestaltung ein einheitliches Erscheinungsbild erzielt werden. Auch die Kombination mit Natursteinen oder Klinkern ist reizvoll.

Betonpflastersteine gibt es in verschiedenen Formen und Farbtönen. Auch die changierenden Töne gebrannter Klinker lassen sich täuschend echt nachahmen

Für besonders hochwertige Betonsteine werden Zuschlagstoffe wie feingesplitteter Granit, Basalt oder Porphyr verwendet

Unterschiedliche Pflastermaterialien lassen sich hervorragend kombinieren. Hier ein Beispiel mit Pflasterklinkern und Natursteinen

Materialien für den Unterbau und die Pflasterfugen

Man unterscheidet gebrochene Materialien (Schotter und Splitt) von ungebrochenen Materialien (Kies und Sand).

Kies oder Schotter benutzt man für den Unterbau von Pflasterungen. Feiner Splitt oder Sand kommen beim Verfugen der Beläge zum Einsatz. Um natürliche Ressourcen zu schonen, wird für den Unterbau immer häufiger so genanntes Recycling-Material verwendet. Schredderanlagen zerkleinern geeignete alte Baustoffe auf die gewünschte Größe.

Praktizierter Umweltschutz: Alte Steine oder Bauschutt werden geschreddert und so zum Ersatz für Schotter oder Grobkies.
Splitt und Schotter werden in den verschiedensten Körnungen angeboten. Der Händler berät hinsichtlich der Eignung für bestimmte Pflasterarbeiten

Werkzeugkunde

Stein ist ein sprichwörtlich hartes Material. Zum Brechen und Trennen brauchen Sie Spezialwerkzeuge

Was Sie zum Pflastern an Werkzeugen brauchen

An erster Stelle stehen beim Pflastern Erdarbeiten. In der Regel muss Mutterboden abgetragen werden, um anschließend einen stabilen Unterbau sowie eine wasserdurchlässige Tragschicht einbringen zu können.

Bei kleineren Arbeiten kommt man mit einer Kreuzhacke, einem Spaten, einer Schaufel und einer Schubkarre aus, um die notwendigen Erdbewegungen durchzuführen. Doch schon bei einem Weg von 10 m Länge und 1 m Breite müssen bei 40 cm tiefer Auskofferung rund vier Kubikmeter Erde gelockert, in die Schubkarre geschaufelt und weggefahren werden. Umgekehrt ist dann das Material für Unterbau und Bettung der Pflastersteine einzubringen, zu verdichten und zu planieren.

Hier gilt es, sehr genau zu überlegen, was man sich an solcher „Knochenarbeit" zutrauen und zumuten kann. Wann immer es die örtlichen Gegebenheiten erlauben, sollte man versuchen, Maschinenkraft einzusetzen. Es gibt beispielsweise Mini-Bagger und kleine Planierraupen, die auch durch schmale Einfahrten passen und in wenigen Minuten so viel Erde bewegen, wie man mit reiner Muskelkraft nur in Stunden schafft. Solche Maschinen kann man leihen und selbst bedienen oder mitsamt Fahrer zu festen Stundenpreisen mieten. Ebenfalls mieten lassen sich Rüttelplatten, die man zum Verdichten des Unterbaus und zum Abrütteln des fertigen Pflasterbelags benötigt. Kleine Rüttelplatten lassen sich problemlos in jedem Kombi transportieren. Übers Wochenende gibt es häufig besonders günstige Mietpreise.

Für kleinere Erdarbeiten oder das Verteilen von Splitt wird die Schaufel benötigt

Für größere Erdbewegungen kann man einen solchen Kleinbagger einsetzen

Eine lange Aluschiene als Richtlatte ist beim Pflastern unerlässlich. Damit können Sie über kleinere Strecken auch Höhen übertragen

In die Splittbettung gelegte Rohre dienen als Lehre zum Abziehen. Mit der Wasserwaage wird deren richtige Lage kontrolliert

Ein gerades Brett kann zum Abziehen der Pflasterbettung verwendet werden. Sind die Ränder erhöht, wird das Brett entsprechend ausgeklinkt. Mit dem Lot (unten) überträgt man beispielsweise Fluchten von der Schnur auf das darunter liegende Erdreich

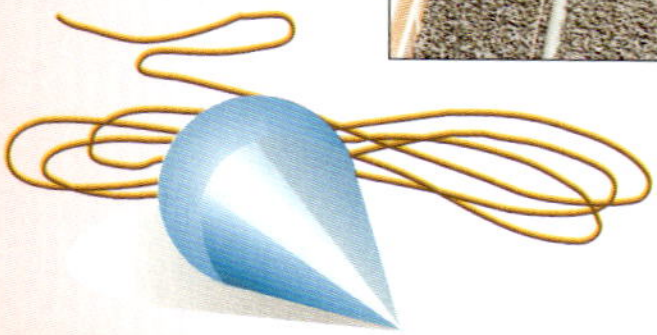

Abstecken, Messen und Nivellieren der Pflasterfläche

Was man unbedingt benötigt, sind mehrere angespitzte Eisenstangen (Schnureisen), die man ins Erdreich rammt, um daran Schnüre für das Markieren von Fluchten und Höhen zu befestigen.

Werden Höhen auf kurze Distanz übertragen, arbeitet man mit der Wasserwaage oder einem Richtscheit und aufgelegter Wasserwaage. Bei größeren Distanzen kommen Schlauchwaage oder Baulaser zum Einsatz. Profis benutzen auch den so genannten Theodoliten, ein optisches Messgerät, mit dem sich von einem zentralen Messpunkt aus höhengleiche Punkte festlegen lassen.

Beim Nivellieren von Sand- oder Splittbettungen verwendet man gerade Kanthölzer, Bretter oder Richtscheite aus Aluminium. Am besten legt man verzinkte Wasserrohre als Lehren in die Bettung und zieht das Material darüber ab.

Zum Klopfen und Schlagen

Bei der klassischen Verlegetechnik klopft man die Pflastersteine einzeln ins Sandbett (siehe Seite 24). Hierzu eignet sich ein Gummihammer. Profis arbeiten mit dem traditionellen Pflasterhammer, mit dessen scharfer Seite sich die Bettung unter einem Stein oder einer Platte verdichten lässt.

Hat man sich dagegen für maßgleiche Pflasterklinker oder Betonpflaster entschieden, werden die Steine nur lose auf der Bettung ausgelegt und nach dem Verfugen als gesamte Fläche abgerüttelt.

Links der klassische Pflasterhammer (1). Seine gebogene Spitze dient zum Verdichten der Bettung unter Platten oder Natursteinen. Zum Anklopfen von Steinen mit empfindlichen Oberflächen nimmt man einen Fäustel mit aufgesteckter Gummikappe (2)

Hier ein Hammer (3), der aus Vollgummi besteht. Er ist nicht so schwer wie der Fäustel und daher für leichtere Arbeiten besonders gut geeignet. Mit der Richtlatte (4) werden die Fluchten beim Verlegen der Steine kontrolliert. Mit leichten Schlägen gegen die Vorderkante kann man die Steine ausrichten

Werkzeuge zum Verfugen und Abrütteln des Belags

Um das Fugenmaterial einzuarbeiten, brauchen Sie einen groben Besen sowie einen Wasserschlauch zum Einschlämmen. Bei kleinen Flächen genügt ein Handstampfer, um die Steine fest in die Bettung zu drücken. Meist empfiehlt sich aber der Einsatz der Rüttelplatte, die mit größerer Energie arbeitet und vor allem den Druck gleichmäßig auf eine große Fläche verteilt und damit letzte Unebenheiten beim Verlegen ausgleicht.

Untergründe und Aufschüttungen müssen sorgfältig verdichtet werden. Hier wird die Rüttelplatte eingesetzt. Ein exzentrisch bewegtes Gewicht erzeugt den Druck aufs Erdreich

Für kleinere Bereiche oder streifenförmige Fundamente benutzt man den Rüttelstampfer (1). Ein breiter Besen mit harten Kunststoffborsten verteilt das Fugenmaterial auf dem frisch verlegten Pflaster (2)

1

2

Zum Abrütteln des verfugten Pflasterbelags wird wiederum die Rüttelplatte (3) verwendet. Zum Schutz der Steinoberflächen bringt man eine Kunststoffschürze an. Ein Zweihandwinkelschleifer (4) mit Führungseinrichtung trennt Steine und Platten präzise. Eine Staubabsaugung kann angeschlossen werden

3

4

Nicht so sauber wie ein Winkelschleifer oder Nassschneider, aber dafür sehr schnell arbeitet der hier gezeigte Steinbrecher (5). Bei größeren Pflasterarbeiten lohnt es sich, einen professionellen Nassschneider (6) auszuleihen. Die Maschine trennt auch dicke Steine problemlos

5

6

Passsteine herstellen

In den seltensten Fällen kann man bei Pflasterarbeiten nur mit ganzen Steinen arbeiten. Fast immer sind im Randbereich oder bei Anschlüssen an andere Flächen Passsteine erforderlich. Mit etwas Geschick und einem scharfen Meißel können Sie viele Steine einigermaßen sauber per Hand trennen. Profis verwenden auch einen Steinbrecher, der die Steine zwischen zwei Hartmetallschneiden sauber „knackt". Ein langer Hebel sorgt für die erforderliche Kraft.

Sehr schnell und relativ exakt arbeitet ein Zweihandwinkelschleifer, bestückt mit einer Diamantscheibe für Trockenschnitt. Bei der Arbeit mit einem solchen Winkelschleifer sollte man sich die Mühe machen, den Stein beispielsweise mit einer stabilen Schraubzwinge auf einer Baudiele zu fixieren.

Am saubersten und präzisesten schneidet man Pflastersteine allerdings mit einer stationären Nassschneidemaschine. Solche Geräte können bei Firmen für Werkzeugverleih gemietet werden. Auch einige Baustoffhändler und große Anbieter von Pflastersteinen verleihen die Nassschneider. Wenn man nur einige wenige Passsteine benötigt, kann man sich diese Steine auch anzeichnen und direkt beim Materiallieferanten auf Maß zuschneiden lassen.

Wichtig bei allen Trenn- und Schneidearbeiten: die einschlägigen Sicherheitsvorschriften genauestens beachten! Kinder dürfen sich nicht in direkter Nähe der Maschinen aufhalten.

TIPP

Bei Pflasterarbeiten sollten Sie unbedingt an geeignete Schutzkleidung denken. Arbeitshandschuhe aus Leder sind beim Greifen scharfkantiger Steine unentbehrlich. Damit aus der Hand gleitende Steine oder von einer Palette herabfallendes Material keine Fußverletzungen verursacht, brauchen Sie stabile Arbeitsschuhe, möglichst mit einer festen Stahlkappe. Ganz wichtig ist der Schutz der Augen bei Trennarbeiten mit dem Winkelschleifer. Dabei stets eine Schutzbrille tragen!

Verlegetechniken

Damit gepflasterte Flächen nicht absacken, muss ein Unterbau geschaffen werden, der stabil und gleichzeitig wasserdurchlässig ist

Vom Unterbau zum fertigen Pflasterbelag

Zu den ersten Vorarbeiten gehören das Einmessen und das Abstecken der zu pflasternden Flächen. Die Umrisse sollten zuvor auf einem maßstabsgerechten Plan der Außenanlagen eingezeichnet worden sein. Diesen Plan übertragen Sie dann aufs Gelände. Was die Höhe des Pflasters angeht, gibt es immer Bezugspunkte, an denen man sich zu orientieren hat. Terrassenhöhen richten sich nach den Austrittshöhen der Türen. Wege, die zum Haus führen, müssen ebenfalls die Höhen von Türen berücksichtigen bzw. die Höhen von Terrassen oder Podesten, an die sie sich anschließen sollen.

Wege im Gelände abstecken

Bei geradlinigen Wegeverläufen genügt es, die Außenecken abzustecken. Schlagen Sie zunächst außerhalb der Pflasterflächen Schnureisen ein, an denen Sie die Richtschnüre befestigen. Dann werden die Außenecken der Flächen durch etwa 50 cm lange, unten angespitzte Holzpflöcke markiert. Wenn Sie zuvor die Richtschnüre in Flucht und Höhe exakt ausgerichtet haben, lassen sich die Pflöcke leicht in die korrekte Position bringen und bis auf Höhe des Pflasters einschlagen.

Mit Schnureisen und Richtschnur werden die Fluchten und Höhen markiert

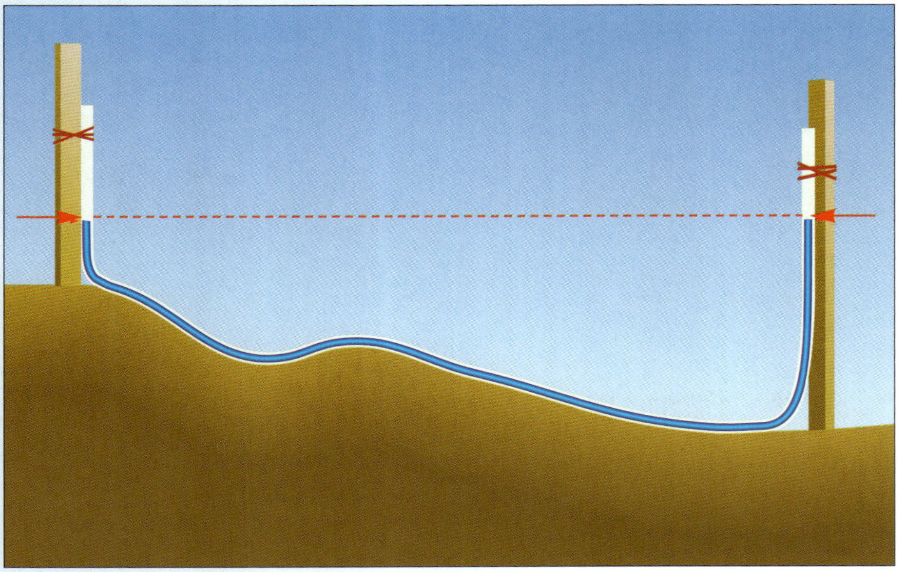

Die Schlauchwaage zeigt höhengleiche Punkte an

Im rechten Winkel versetzte Ränder werden mit Pflöcken und Schnüren markiert

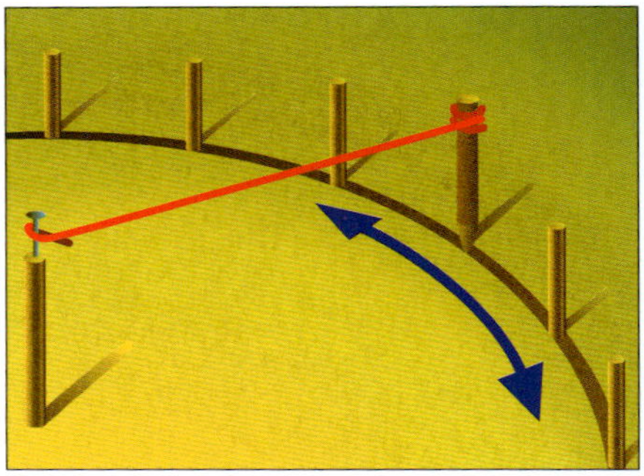

Bei kreisförmigem Randverlauf ermittelt man den Mittelpunkt und schlägt den Kreis mit Hilfe einer Schnur

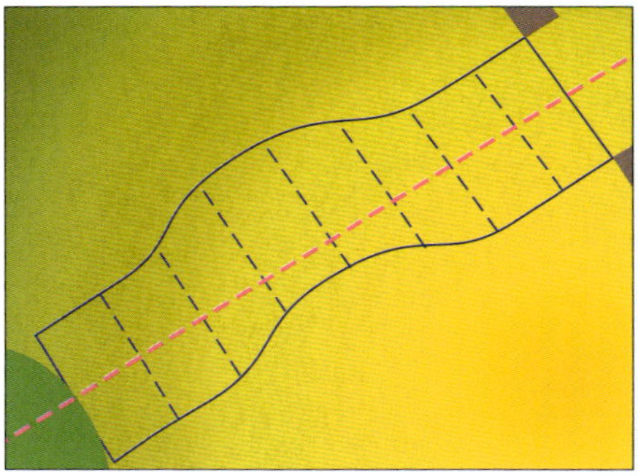

Ein geschwungener Weg: Die geraden Linien müssen die durchlaufende Flucht stets im rechten Winkel schneiden

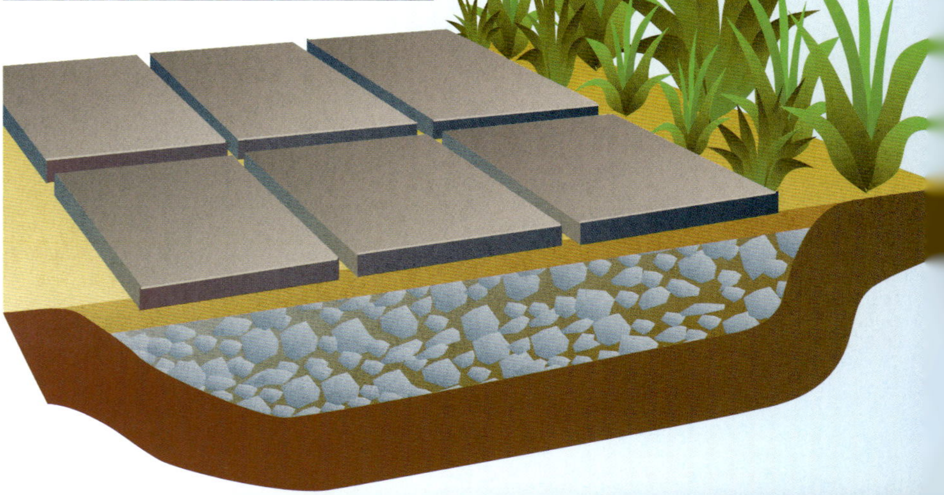

Ein einfacher Unterbau: Über der Tragschicht aus grobem Material liegt eine dünne Sandschicht als Bettung der Platten

Sind vor dem Pflastern größere Aushubarbeiten erforderlich, ist es sinnvoll, die Holzpflöcke in einem definierten Abstand zu den späteren Pflasterflächen einzuschlagen.

Sie haben anschließend eine genaue Markierung des Weges mitsamt Höhenverlauf. Wenn Sie eine 2 m lange Richtlatte aus Alu besitzen, sollten Sie die Holzpflöcke auf etwas weniger als 2 m Entfernung voneinander platzieren. Später lassen sich dann alle Markierungspunkte durch Auflegen der Richtlatte miteinander verbinden. Die Zeichnungen links zeigen, wie man Wege mit geradlinigen, aber versetzten Rändern oder kreisförmige Flächen bzw. geschwungene Wege markiert.

Der richtige Unterbau fürs Pflaster

Zwei Grundanforderungen werden an den Unterbau einer Pflasterfläche gestellt: Er muss tragfähig und er muss wasserdurchlässig sein. Deshalb besteht er

Diese Unterbau-Stärken braucht Ihr Pflaster

	Pflasterweg		Sitzplätze		Auffahrten	
Erdreich	lehmig	sandig	lehmig	sandig	lehmig	sandig
Unterbau	20–30	15–20	30–40	20–30	35–40	20–40
Bettung	5	5	5–8	5–8	5	5

Die Tabelle gibt in Zentimetern an, wie dick Unterbau bzw. Bettung bei verschiedenen Untergründen und Nutzungsarten sein sollten

aus einer verdichteten, aber dennoch porösen Schicht aus grobem Steinmaterial. Um die Pflastersteine exakt ausrichten zu können, kommt auf diese Tragschicht eine so genannte Bettung aus Sand oder feinem Splitt.

Wie aufwändig Sie den Unterbau Ihres Pflasters vorbereiten müssen, hängt natürlich von den späteren Belastungen und den Ansprüchen an die Maßhaltigkeit ab. Im einfachsten Fall verlegt man Steine oder Platten in einem dünnen Sandbett direkt auf dem gewachsenen Boden. Für unbelastete Gartenwege reicht das oftmals aus. Bereiten Profis den Unterbau für eine stark belastete Pflasterfläche fachgerecht vor, wird dagegen ein mehrschichtiger Aufbau realisiert, wie ihn die Grafik unten zeigt.

Unsere Tabelle oben nennt empfohlene Unterbaustärken für verschieden stark belastete Pflasterflächen und unterschiedliche Böden. Denken Sie daran, dass der Unterbau an den Rändern stets etwa 10 cm über die Pflasterflächen hinausragen muss, um ein seitliches Abkippen des Belags zu vermeiden. Der verwendete Grobkies oder Schotter bzw. das heute häufig eingesetzte Recycling-Material wird immer lagenweise eingebracht und dann mit dem Rüttler gut verdichtet. So vermeiden Sie spätere Setzungen.

Der professionell hergestellte Aufbau einer stark belasteten Pflasterfläche. Als Hobby-Pflasterer beschränkt man sich in der Regel aber auf eine Ausgleichsschüttung (falls erforderlich), eine verdichtete Tragschicht und die Bettung (siehe Seite 45)

Muss das Oberflächenwasser in den Kanal oder in einen Sickerschacht geleitet werden, sieht man dafür einen Bodeneinlauf vor

Eine Ablaufrinne für die Linienentwässerung beispielsweise von Einfahrten

Für Stellplätze werden häufig auch Dränagesteine verwendet, die das Oberflächenwasser vollständig versickern lassen

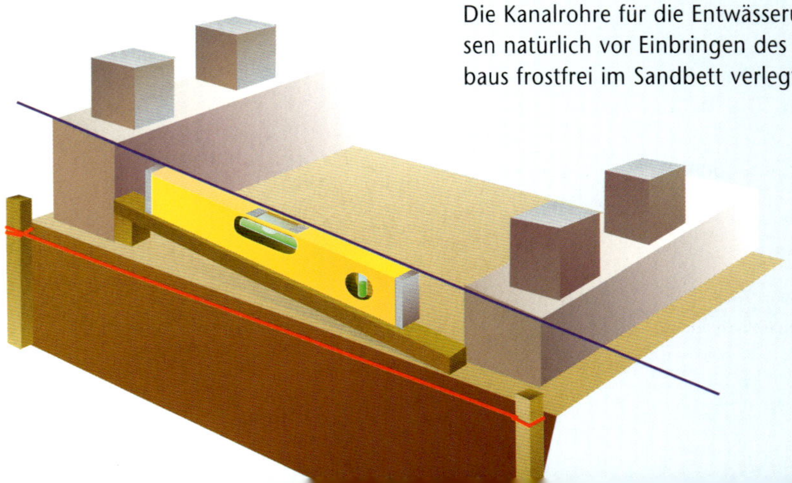

Das Gefälle zu den Seiten muss 1,5–2% betragen. Eine 1 m lange Latte mit einem 1,5–2 cm dicken Holzklotz am Ende erleichtert die Kontrolle mittels einer Wasserwaage

Entwässerung und Dränage des Pflasters

Das Oberflächenwasser soll bei Terrassen und Einfahrten immer vom Haus weg fließen. Bei Wegen wird es zu den Seiten geleitet. Man empfiehlt ein durchschnittliches Gefälle von 1,5-2%, was 1,5-2 cm auf einen Meter entspricht.

Bereits der Unterbau muss mit dem vorgesehenen Gefälle eingebracht und verdichtet werden. Die Sand- oder Splittschicht der Bettung darf nämlich nicht mehr zum Nivellieren der Fläche benutzt werden. Unterschiedlich hohe Bettungsschichten führen zwangsläufig zu Setzungen und späteren Unebenheiten des Pflasters.

Wenn das Oberflächenwasser nicht von den seitlichen unbefestigten Flächen aufgenommen werden kann, muss man für eine Entwässerung hin zum Kanalsystem sorgen. Läuft das Wasser aufgrund des Gefälles punktförmig zusammen, wird eine Senke ins Pflaster eingebaut. Bei Einfahrten wählt man dagegen häufig eine linienförmige Entwässerung, bei der man schmale Entwässerungsrinnen über die gesamte Breite einbaut. Hierin fließt das Wasser dann seitlich zu einem Fallrohr ab.

Die Kanalrohre für die Entwässerung müssen natürlich vor Einbringen des Unterbaus frostfrei im Sandbett verlegt werden.

Bei Stellplätzen und Einfahrten werden häufig spezielle Randsteine im Mörtelbett versetzt

Stabile Randbefestigungen herstellen

Außer bei wenig belasteten Gartenwegen empfiehlt es sich grundsätzlich, die äußeren Ränder von Pflasterflächen so zu befestigen, dass die Steine nicht zu den Seiten hin kippen oder wegrutschen. Wie bereits angesprochen, muss der Unterbau des Pflasters über den späteren Rand hinausragen, um Stabilität der Seiten zu garantieren. Zusätzlich empfiehlt es sich jedoch, eine so genannte Rückenstütze aus Beton herzustellen. Dazu kratzt man die Bettungsschicht nach dem Verlegen der Steine vorsichtig bis auf die Tragschicht weg und bringt einen Streifen Magerbeton oder Mörtel ein. Die keilförmige Stütze sollte mindestens bis auf halbe Steinhöhe hochgezogen werden.

Noch stabiler wird der Rand, wenn Sie die äußeren Steine direkt auf dem Unterbau im Mörtelbett verlegen. Das Randpflaster muss dann allerdings sehr sorgfältig in der Höhe ausgerichtet werden. Außerdem müssen die Abstände zu Hauswänden oder gegenüberliegenden Rändern genau abgemessen werden. Bei sorgfältiger Vorarbeit fällt dann jedoch das Nivellieren der Bettung leichter. Man bringt den Sand oder Splitt ein und zieht ihn einfach über den vorbereiteten Rändern ab.

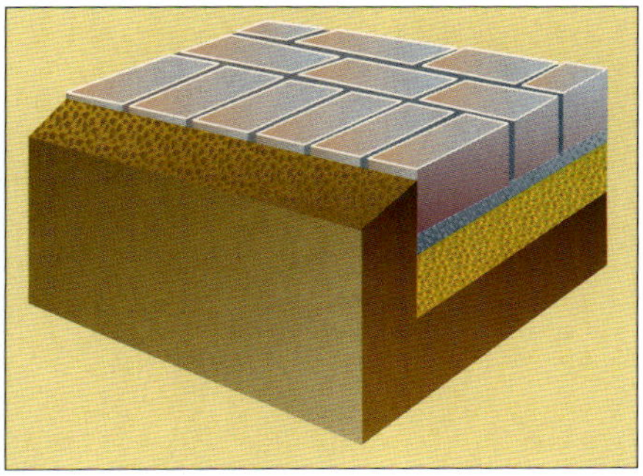

Bei einfachen Gartenwegen muss der Rand nicht unbedingt befestigt werden

Randbefestigung des Pflasters durch eine Rückenstütze aus Mörtel

Bei höherer Belastung verlegt man die äußere Steinreihe komplett im Mörtelbett

Natursteine mit hohen Maßtoleranzen und einer unregelmäßigen Unterseite klopft man einzeln ins Sandbett, um sie exakt an der Schnur ausrichten zu können. Man setzt sie etwa 15 mm höher als das Endniveau nach dem Feststampfen der Steine beträgt

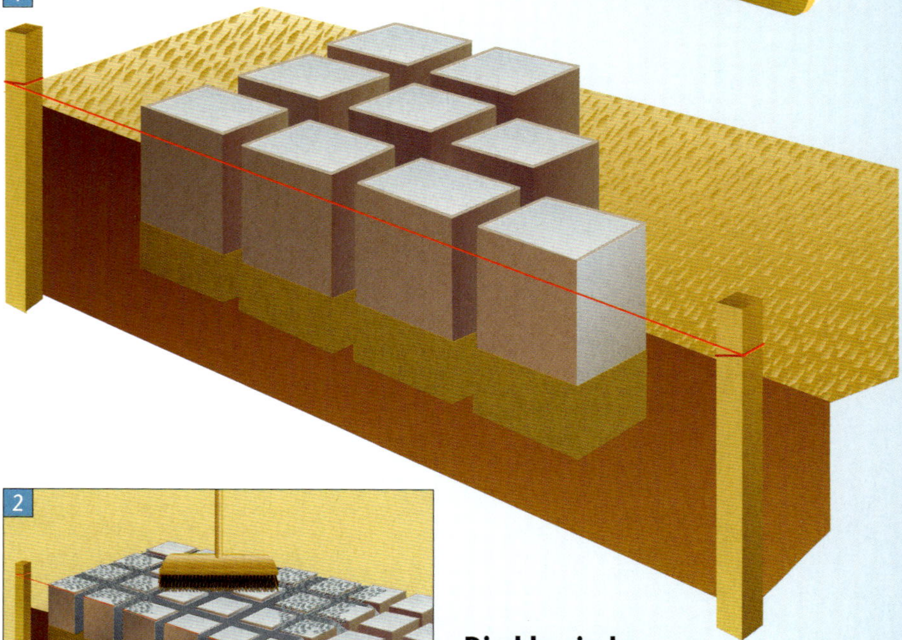

Fugensand stabilisiert den Belag. Er wird diagonal in die Fugen eingearbeitet

Zuletzt verdichtet und egalisiert man den Belag mit Hilfe des Handstampfers oder einem Rüttler

Die klassische Verlegemethode

Wenn man mit Natursteinen arbeitet, die sehr unterschiedliche Größen haben, muss man diese Differenzen ausgleichen, indem jeder Stein einzeln mit dem Hammer ins Sandbett geklopft wird. Dabei orientiert man sich an einer Schnur, die nicht nur die Flucht markiert, sondern auch die Höhe des Fertigbelags.

Die Steine sollen etwa 15 mm über das Fertigniveau hinausragen, da sie sich beim Abrütteln der Fläche bzw. beim Feststampfen des Pflasters noch entsprechend tief in die Bettung eindrücken.

Pflastern mit maßhaltigen Klinker- oder Betonsteinen

Pflasterklinker oder Betonpflastersteine weisen nur sehr geringe Maßtoleranzen auf. Zudem besitzen sie eine ebenmäßige Unterfläche. Daher bietet es sich beim Pflastern mit solchen Steinen an, die Bettung möglichst glatt abzuziehen und auch schon zu verdichten, ehe man die Steine dann lose auf dem so vorbereiteten Untergrund auslegt. Anschließend wird zur Stabilisierung der Steine Fugenmaterial eingefegt und die gesamte Fläche noch einmal mit der Rüttelplatte bearbeitet.

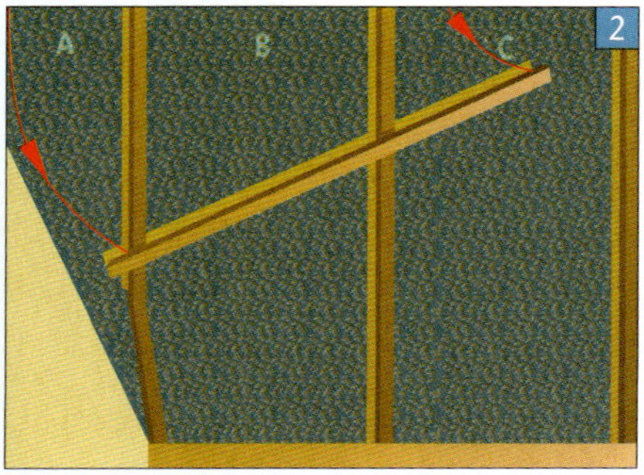

Wird mit industriell hergestellten Pflastersteinen gearbeitet, verdichtet man zunächst die Tragschicht mit dem Rüttler (1). Dann wird die Bettung aufgebracht und exakt abgezogen (2)

Die Steine lassen sich jetzt zu einer gleichmäßigen Fläche auf der Bettung auslegen. Anschließend wird das Pflaster verfugt und abgerüttelt

So lassen sich Blockstufen mit Pflastersteinen kombinieren (1). Hier wird die Treppe komplett aus hochkant verlegten Steinen gebildet (2)

Treppe aus Blockstufen auf einem Betonfundament

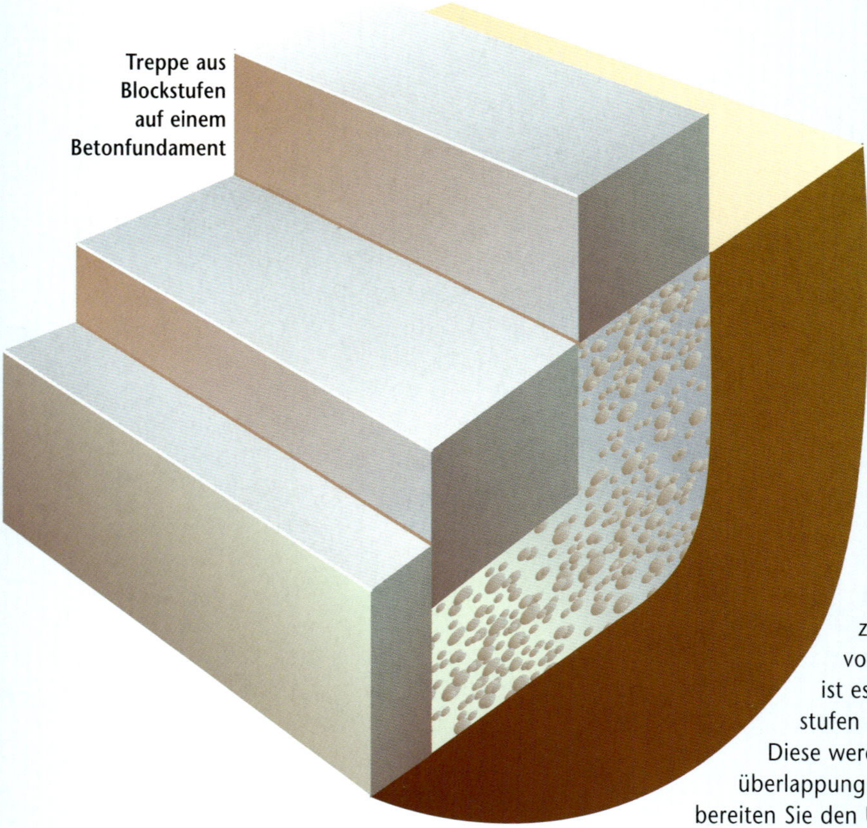

Gepflasterte Treppen und Podeste anlegen

Sobald das zu pflasternde Gelände Höhenunterschiede von mehr als 7% aufweist, sollten Sie Stufen oder Podeste einplanen. Diese Abstufungen brauchen grundsätzlich einen Unterbau aus Beton.

Unsere Zeichnungen zeigen einige Lösungsvorschläge. Am einfachsten ist es, mit fertigen Blockstufen aus Beton zu arbeiten. Diese werden mit 1–2 cm Kantenüberlappung verarbeitet. Am besten bereiten Sie den Unterbau so vor, dass die Stufen anschließend in ein dünnes Mörtelbett gesetzt werden.

Werden die Stufen aus Natursteinen, Klinkern oder Betonpflaster hergestellt, berechnet man die Stufenhöhe und die Auftrittstiefe nach der Faustformel: zwei Stufenhöhen plus eine Auftrittstiefe sollten etwa 65 cm ergeben. Bei einer Stufenhöhe von 12,5 cm ergibt sich eine Auftrittstiefe von 40 cm. Im Außenbereich sollten aus Gründen der Bequemlichkeit und sicheren Begehbarkeit Stufenhöhen von 15 cm nicht überschritten werden. Längere Treppen werden durch Podeste aufgelockert. Hier gilt die Regel: Das Schrittmaß von 65 cm plus eine Auftrittstiefe ergibt die Podestlänge.

So werden Pflastersteine und Minipalisaden kombiniert

Treppenstufen müssen nicht immer gerade verlaufen, wie dieses Beispiel beweist.
Mit Pflasterklinkern lassen sich solche Verschwenkungen leicht realisieren

Pflasterarbeiten fachgerecht planen

Damit Pflasterarbeiten gelingen, ist eine möglichst detaillierte Planung unerlässlich. Man legt die Größen der Flächen fest, sucht Verlegemuster aus und entscheidet sich für den passenden Unterbau

Funktionale und dekorative Aspekte sind zu beachten

Wege und Plätze erfüllen nicht nur eine funktionale Aufgabe, sondern stellen auch dekorative Elemente der Außenanlagen dar. Funktion und Aussehen sollten im Idealfall harmonisch zusammenspielen. Gepflasterte Flächen halten, wenn sie fachgerecht hergestellt werden, ein Hausleben lang. Daher wäre es am falschen Ende gespart, wenn man hier minderwertige Billigprodukte verwenden würde.

Die wichtigsten Planungsgrundsätze beim Pflastern

Legen Sie einen möglichst großen maßstabsgerechten Aufriss des Grundstücks an, wenn Pflasterflächen ganz neu geplant werden müssen. Dabei sind Niveauunterschiede ebenso zu markieren wie vorhandene Bäume und Sträucher sowie nicht zuletzt der Sonneneinfall und Faktoren der umgebenden Bebauung.

Wege und Plätze sollen sich harmonisch in das gesamte Ambiente einfügen. Ihre Proportionen und Formen müssen sich an der Grundstücks- und Hausgröße orientieren. Ein Hauptweg zum Haus sollte beispielsweise 120 bis 150 cm breit sein. Bei Nebenwegen genügen meist 60 bis 80 cm. Größere Niveauunterschiede müssen durch Stufen überwunden werden.

Geschwungene Treppenstufen mit Podesten müssen sehr genau geplant werden

Gleiches gilt für die Aufteilung der Flächen und die gewählten Verlegemuster

Bekannte Verlegemuster: Läuferverband (1), Fischgrätmuster (2), Block- oder Parkettverband (3) und linearer Verband (4)

Beweisen Sie auch einmal Mut zum Außergewöhnlichen. Mit Klinkern und Kieseln lassen sich dekorative Ornamente ins Pflasterbild legen (unten)

Materialien und Verlegemuster

Achten Sie darauf, dass die ausgewählten Pflastersteine zu Stil und Farbe des Hauses passen. Modernes Betonpflaster vor einer Jugendstilfassade beispielsweise wäre eine sehr unpassende Lösung.

Besondere Aufmerksamkeit verdienen zudem die Verlegemuster. Hier gibt es eine Vielzahl der unterschiedlichsten Varianten, die das verwendete Material immer wieder anders wirken lassen.

Vor allem bei Pflasterklinkern hat die Wahl des Verlegemusters immense Bedeutung. Sie bestimmt das Erscheinungsbild, hat aber auch Einfluss auf die Belastbarkeit der Flächen. Das häufigste Muster ist hier der Läuferverband. Er ist leicht zu verlegen und erfordert keine Passstücke. Bögen und leichte Verschwenkungen lassen sich problemlos realisieren.

Für stärker belastete Wege und Zufahrten wählt man meist den Fischgrätverband. Die gegeneinander versetzten Steine besitzen einen sehr festen Verbund.

Sehr dekorativ wirkt der so genannte Block- oder Parkettverband. Dabei werden je zwei oder drei Steine in wechselnder Richtung verlegt. Die Steine haben dann allerdings nur einen wenig belastbaren Verbund. Daher wählt man dieses Muster nur bei leicht belasteten Gartenwegen oder Terrassen. Das Gleiche gilt für lineare Verlegemuster. Hier kommt hinzu, dass ungerade Fugenverläufe ganz besonders stark ins Auge fallen.

Ein solches Pflasterbild aus ineinander greifenden Kreisen – dazu noch auf verschiedenen Ebenen – muss sehr genau aufgezeichnet werden, ehe man an die Verlegearbeit geht

So wirken die durch Autoreifen entstehenden Belastungen auf die Seitenflächen eines Pflastersteins

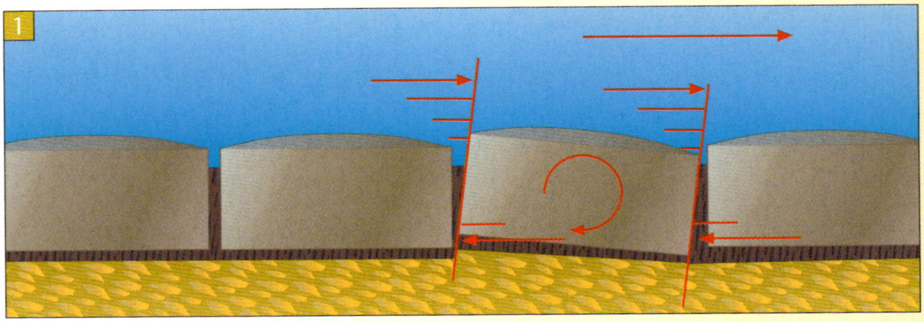

Die zwei Grafiken rechts zeigen, wie mit Abstandhaltern versehene Steine nicht verlegt werden dürfen (2) bzw. wie der korrekte Verlegeabstand auszusehen hat (3)

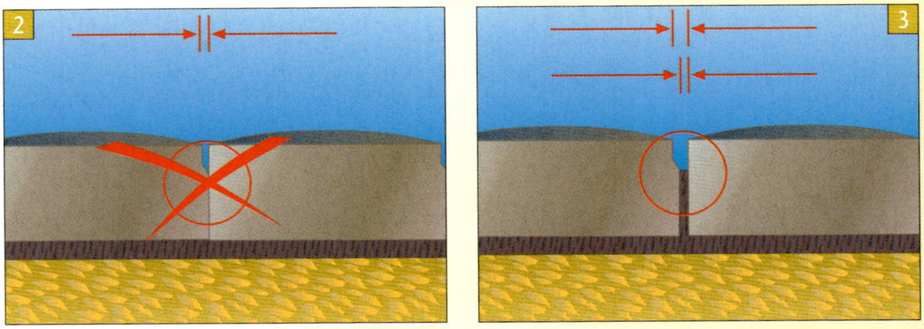

Lange Wege lassen sich durch eingelegte Bögen sehr schön auflockern

Die Belastbarkeit der Pflasterfläche richtig planen

Wie bereits angesprochen, ist das Verlegemuster nicht nur eine Sache der Optik. Bei befahrenen Pflasterflächen hat das gewählte Muster auch entscheidenen Einfluss auf die Lastenverteilung, die Stabilität und die Geräuschentwicklung.

Grundsätzlich sollten auf allen befahrenen Flächen die Steine möglichst diagonal zur Hauptfahrrichtung verlegt werden. Dann verteilt sich die Belastung über alle vier Steinseiten gleichmäßig. Schub- und Drehkräfte werden optimal aufgefangen und Geräusche, die durch abrollende Autoreifen entstehen, werden so weit wie möglich reduziert. Auch die Höhe der verwendeten Steine hat direkten Einfluss auf die spätere Belastbarkeit der Fläche. Für befahrene Flächen werden im Allgemeinen

Steine ab 8 cm Höhe empfohlen. Durch rollende Lasten, wie sie Autoreifen darstellen, tendiert der Pflasterstein dazu, sich zu drehen. Die angesprochene Diagonalverlegung wirkt diesem Prozess bereits entgegen. Doch nur bei ausreichender Steinhöhe sind die seitlichen Stützflächen auch groß genug, die angreifenden Kräfte sicher aufzufangen.

Nicht zuletzt haben auch die Fugen zwischen den Steinen großen Einfluss auf die Festigkeit des Belags. In den einschlägigen DIN-Vorschriften wird bei Betonpflastersteinen oder auch Pflasterklinkern eine Fugenbreite von 3–5 mm verlangt. Diesen Abstand sollten Sie beim Verlegen unbedingt einhalten, damit der Belag ausreichend belastbar ist.

Verschiedene Steine sind bereits ab Werk mit seitlichen Abstandhaltern versehen, die das Verlegen erleichtern sollen. Eine weitere Funktion der Fuge besteht allerdings darin, produktionstechnisch bedingte kleine Maßabweichungen zwischen den Steinen auszugleichen. Aus diesem Grund dürfen auch Steine mit Abstandhaltern nicht „auf Knirsch" direkt aneinandergestoßen werden. Erhöhen Sie statt dessen den Abstand auf die vorgeschriebenen 3–5 mm.

Bei quer zur Fahrtrichtung verlegten Steinen konzentrieren sich die Schubkräfte jeweils nur auf zwei Steinseiten

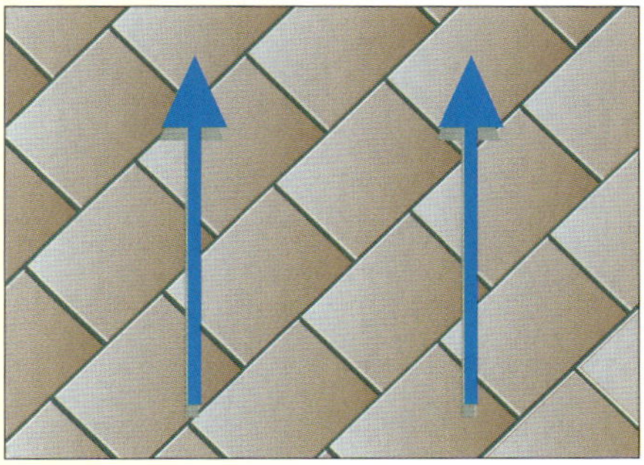

Bei Diagonalverlegung dagegen werden alle vier Steinseiten gleichmäßig belastet. Die Steine können weniger leicht kippen

So sollte es nach Möglichkeit sein: eine Garagenzufahrt mit diagonal verlegten Pflastersteinen

Eine vom Pflasterlieferanten mit Computerhilfe gefertigte Verlegezeichnung erleichtert das Planen und Realisieren individueller Pflasterarbeiten

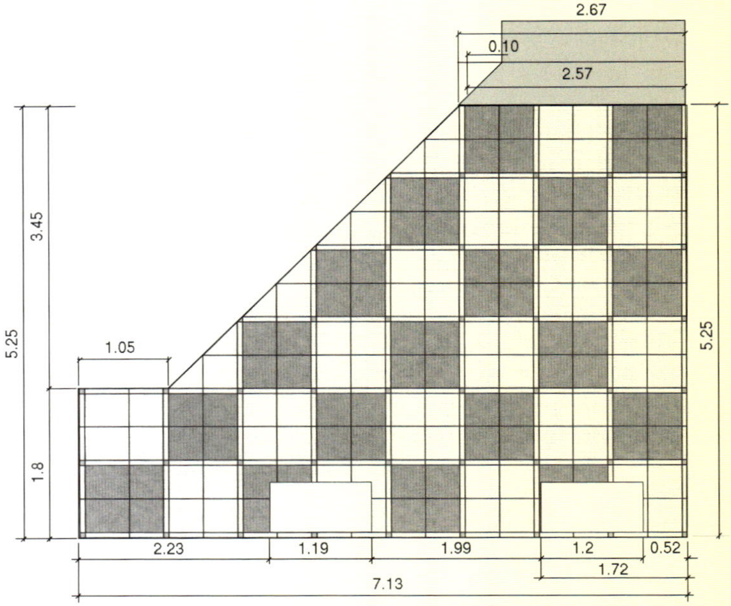

Nützliche Planungshilfen fürs Pflastern

In den technischen Unterlagen vieler Pflasterhersteller finden Sie Zeichnungen verschiedenster Verlegemuster. Für gepflasterte Kreise beispielsweise wird damit auch die Materialbestellung erleichtert.

Besonders hilfreich sind auf dem Computer erstellte Verlegebilder, die für jede Pflasterfläche ganz individuell hergestellt werden können. Links sieht man das Beispiel einer schräg an einen Teich grenzenden Terrasse, deren Verlegeplan zentimetergenau am Computer erstellt wurde.

Ein solcher Weg kann nicht ohne exakte Planung der Steinkombinationen und Muster gepflastert werden

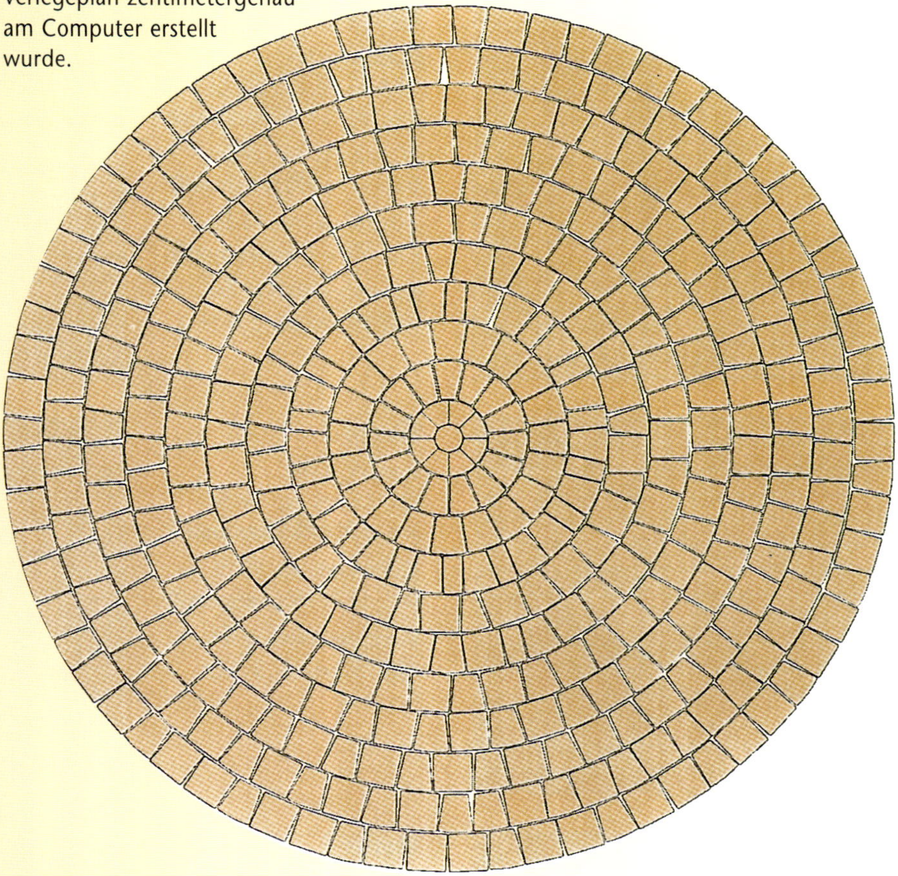

In den technischen Unterlagen großer Pflasterlieferanten finden sich solche Beispielzeichnungen für schwierige Verlegemuster wie Kreise und Segmentbögen. Man kann die Zeichnung als Vorlage für die Verlegearbeit benutzen und schon im Vorfeld danach das benötigte Material bestellen

Verlegeanleitungen

Schritt für Schritt zum professionellen Verlege-Ergebnis. Nach unserer Anleitung können auch Sie perfekt pflastern

Terrassenbau mit hart gebrannten Pflasterklinkern

Vor allem dort, wo traditionell Klinkersteine für den Hausbau gebrannt werden, versieht man häufig auch Wege und Terrassen mit dem natürlichen Pflasterbelag aus Ton.

Beim hier gezeigten Verlegebeispiel erhält ein für den norddeutschen Bereich typisches Klinkerhaus eine Terrasse aus dem dazu passenden Pflastermaterial. Der Bauherr hat sich für das Standardformat von 200 x 100 mm bei 62 mm Klinkerdicke entschieden. Die rot geflammten Steine sollen im Fischgrätverband parallel zur Flucht des Hauses verlegt werden.
Im Randbereich sind bei diesem Verlegemuster halbe Steine erforderlich.

Das laut Verlegeplan erforderliche Material wird palettenweise angeliefert und sollte so gelagert werden, dass die Wege zum Verlegebereich möglichst kurz sind.

Der Mutterboden im Bereich der Terrasse ist hier bereits abgetragen

Der Unterbau

Um den Unterbau für die Pflasterklinker fachgerecht vorzubereiten, wird zuerst der Mutterboden abgetragen und seitlich zur späteren Wiederverwendung gelagert. Der anstehende bzw. gewachsene Boden unterhalb der Mutterbodenschicht muss anschließend so vorbereitet werden, dass er frostfrei und ausreichend tragfähig ist. Dazu ist in der Regel eine Planierung und Verdichtung erforderlich. Dann wird ein Unterbau aufgebracht, dessen Stärke sich nach der Höhe des anstehenden

Vor dem Haus lagern die Paletten mit den Pflasterklinkern

Unterbau vorbereiten

1 Anhand des Architektenplans wird die Terrasse abgesteckt

2 Ausgehend vom Terrassenaustritt bestimmt man die Fertighöhen des späteren Pflasterbelags

3 Mit Grobkies gleicht man Unebenheiten aus und stellt einen tragfähigen Unterbau her

4 Lagenweises Abrütteln des Unterbaus verdichtet und ebnet die Fläche. So entsteht das Grobplanum

Bodens im Verhältnis zur Höhe des Fertigbelags richtet. Der Unterbau dient als Ausgleichsschicht (Auffüllung) für verbleibende Höhenunterschiede und zur Lastverteilung. Man wählt für diesen Zweck ein Grobkiesgemisch, das lagenweise aufgebracht und verdichtet wird. Die Gesamtschichtdicke beträgt etwa 50 cm. Das Verdichtungsmaß für Schüttgüter wie die im hier gezeigten Beispiel verwendete Kiesmischung beträgt ca. 33%. Bei grobkörnigen Schüttgütern ist darauf zu achten, dass die Korngröße nach oben hin abnimmt und die jeweiligen Schichtdicken weitgehend gleich sind. Auf diese Weise können spätere Setzungsunterschiede vermieden werden.

Eingeebnet und zuvor lagenweise sorgfältig verdichtet, ergibt der Unterbau aus dem aufgebrachten Kiesgemisch das so genannte Grobplanum.

Die Randeinfassung

Nachdem der Unterbau für unsere Klinkerterrasse auf die beschriebene Weise präpariert ist, geht es zunächst an die Vorbereitung der Randeinfassungen. Damit wird der Rahmen für den späteren Pflasterbelag geschaffen. Dieser Rahmen muss auf die exakte Endhöhe des Belags gebracht werden, und das Verlegemuster der Pflasterung muss genau in den Rahmen hineinpassen. Die Randeinfassung stabilisiert den Pflasterbelag dann zu den Seiten hin. Sie hat die Aufgabe, ein Verschieben der Pflasterklinker im Randbereich während der Herstellung und der Nutzung der Pflasterflächen zu verhindern. Die Klinker der Randeinfassung werden in Magerbeton verlegt – z. B. als so genannte Rollschicht mit hochkant stehenden Steinen.

Randsteine setzen

So wird der Abstand der Randeinfassung zur Hauswand ermittelt (1).
Im Bereich der Randeinfassungen muss man den Unterbau nochmals verdichten (2)

Erdfeuchter Mörtel bildet den Unterbau der Randklinker (3). Anhand einer Schnur wird das Mörtelbett auf die erforderliche Höhe abgezogen (4)

Der erste Stein wird hochkant ins Mörtelbett gedrückt (5) und dann mit Hilfe der Wasserwaage ausgerichtet (6)

Stein für Stein klopft man nun mit dem Pflasterhammer entlang der Schnur fest (7) und kontrolliert die Lage immer wieder mit der Wasserwaage (8)

Mit der quer aufgelegten Wasserwaage korrigiert man letzte Unregelmäßigkeiten der Randsteine

Sobald der Mörtel ein wenig angezogen hat, verfugt man die Steine mit Hilfe des Fugeisens

Die Außenseite der Randeinfassung erhält eine Rückenstütze aus Mörtel

Durch sorgfältiges Abfegen der noch frischen Mörtelreste lassen sich Zementflecken auf den Klinkern verhindern

Nach außen stabilisiert man die Steine durch eine Rückenstütze aus Magerbeton (siehe Seite 23).

Um beim späteren Pflastern so wenig wie möglich schneiden zu müssen und ein sauberes Verlegemuster zu erzielen, wird der lichte Abstand der Randeinfassung – beispielsweise zur Hauswand – zuvor durch Auslegen von Pflasterklinkern mit 3–5 mm Fuge exakt ermittelt. So kann man bei der Verlegung ohne lästigen Verschnitt mit ganzen Steinen arbeiten.

Die lichte Höhe der Randeinfassung über dem Grobplanum errechnet sich aus der Höhe der anschließend aufzubringenden Tragschicht von mindestens 10 cm Dicke sowie der Dicke der Bettung (ca. 3 cm) und der gewählten Klinkerdicke. Dabei ist vom Haus weg hin zum Garten ein Gefälle von ca. 1,5–2% zu berücksichtigen.

Damit die Randsteine sich bei Frost nicht aus dem Betonbett lösen, muss man die Fugen zwischen den Steinen durch Mörtel verschließen. Dann kann kein Wasser eindringen. Frische Mörtelreste werden abgefegt, um Zementflecken zu vermeiden.

Die Tragschicht

In die geschlossene Randeinfassung wird jetzt als Oberbau die Tragschicht eingebracht. Sie sollte mindestens 10 cm dick sein und aus kornabgestuftem Material von 0–45 mm bestehen. Die Tragschicht hat die Aufgabe, die aus der Pflasterdecke eingebrachten Lasten zu verteilen, so dass sie von den darunterliegenden Schichten bzw. dem Untergrund aufgenommen werden können. Die Tragschicht muss zudem wasserdurchlässig sein, um Nieder-

Tragschicht anlegen

Wenn die Randeinfassungen stehen, werden Schnüre gespannt, ...

... an denen man die Höhe der Tragschicht aus Mineralgemisch ausrichtet

Wenn der Abstand des Unterbaus zur Schnürung überall gleich ist, ...

...verdichtet und planiert man die Tragschicht sorgfältig mit dem Rüttler

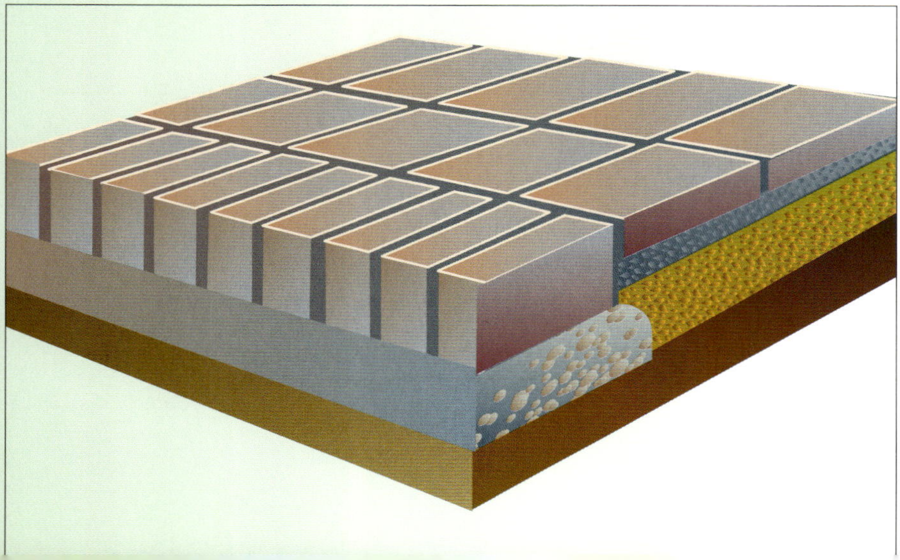

Unterbau und Randeinfassung im Schnitt. Zur Gartenseite sind 1,5–2% Gefälle anzulegen

Bettung anlegen

Ein letztes Mal spannt man Schnüre, um die Höhe der Bettung festzulegen (1). Für die Bettung wird Feinsplitt auf der Tragschicht verteilt (2)

In den Splitt eingelegte Rohre dienen als Lehren zum Abziehen der Bettung (3). Gleichmäßig zieht man die Schiene dann über die Lehren (4)

Auch parallel zur Hauswand werden Lehren in den Splitt gelegt (5). Zur Gartenseite hin besitzt die Bettung nach dem Abziehen ein leichtes Gefälle (6)

An schmalen Stellen benutzt man ein Brett mit einer Ausklinkung für die Randeinfassung (7). Zuletzt wird der Splitt mit dem Rüttler verdichtet (8)

schläge, die durch die Fugen der Pflasterung einsickern, ableiten zu können.
Das Mineralgemisch wird lagenweise mit ca. 1,5–2% Gefälle verdichtet.

Die Bettung aus Splitt

In die geschlossene Randeinfassung wird auf die planierte Tragschicht nun als letzte Lage die Bettung der Pflasterklinker eingebracht. Dazu verwendet man Brechsand (Splitt) in der Kornabstufung 2–5 mm. Die Materialmenge ist so zu bemessen, dass die Schichtdicke im abgerüttelten Zustand 3 cm nicht übersteigt.
Um eine absolut gleichmäßige Oberfläche des Pflasterbetts zu erreichen, zieht man das Material zwischen vorher ausgerichteten Lehren ab. Als Lehren dienen Rohre, die mit der notwendigen Neigung von

So präsentiert sich die abgezogene und verdichtete Bettung vor dem Auflegen der Pflasterklinker

Pflasterklinker verlegen

Sind die ersten Reihen im Fischgrätverband ausgelegt (1), spannt man im Verlauf der Fugen zwei Schnüre parallel zur Hauswand (2)

Mit Steinen werden die Schnüre auf der gegenüberliegenden Terrassenseite provisorisch fixiert

1,5–2% in den Splitt eingelegt werden. Achten Sie unbedingt darauf, dass die Oberfläche der fertigen Bettung so hoch liegt, dass die später darauf verlegten Klinker auch nach dem endgültigen Abrütteln der Pflasterung um etwa 10 mm über die Randeinfassung hinausragen. So wird für einen problemlosen Abfluss des Oberflächenwassers gesorgt.

Das Verlegen der Pflasterklinker

Um ein gleichmäßiges und natürliches Farbspiel der unterschiedlich geflammten Klinker zu erreichen, sollten die Steine grundsätzlich quergemischt aus mehreren Paletten verarbeitet werden.

Man beginnt bei den befestigten Rändern (Randeinfassungen, Mauern, Treppenstufen) und legt zunächst nur ein paar Reihen bzw. eine kleine Fläche in dem gewünschten Verband aus. Damit ist das Raster festgelegt und wird durch straff gespannte Schnüre auf den Rest der zu pflasternden Fläche übertragen. Im hier gezeigten Fall wird am Terrassenende rechts von der Terrassentür begonnen. Sobald etwa ein Quadratmeter Klinker im korrekten Anschluss

4

5

Wenn der Abstand zwischen den Schnüren stimmt (4), werden weitere Klinker ausgelegt. Mit dem Richtscheit kontrolliert man die Fluchten quer zu den Schnüren (5)

6

7

Beim Auslegen der Klinker orientiert man sich an den Schnüren (6), achtet dabei aber immer auch auf den richtigen Fugenabstand von 3–5 mm (7)

Schichtaufbau im Schnitt

So stellt sich der Pflasteraufbau dar, wenn man ihn aufgräbt: Gewachsener Boden, Ausgleichsschüttung, Tragschicht, Bettung aus Splitt, Steine.

8

Im Randbereich sind beim Fischgrätmuster halbe Steine erforderlich

9

Schon nach kurzer Zeit ist die Fläche der Terrasse weitgehend mit Pflasterklinkern belegt

Passstücke schneiden

Wo die Hauswand im Winkel von 45 Grad zur Terrasse verläuft (1) müssen individuelle Passstücke angerissen werden (2)

Verlegeprofis benutzen zum Schneiden von Steinen eine Säge mit Diamantblatt (3). Beim Schneiden wird das Sägeblatt mit Wasser gekühlt (4)

Die Passstücke sollen auch zur Wand hin einen Fugenabstand von 3–5 mm aufweisen (5). Stein für Stein wird der Randbereich geschlossen (6)

Bei exaktem Schnitt erreicht man an der Wand eine gleichmäßig breite Fuge (7). Am Terrassenaustritt ist ein Eckausschnitt erforderlich (8)

Ausrichten

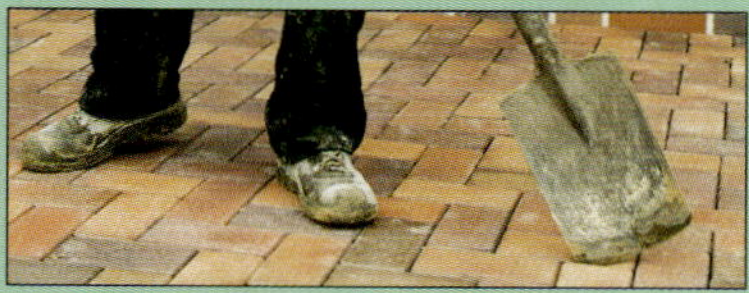

Vor dem Einschlämmen des Fugensands lassen sich letzte Korrekturen am Fugenverlauf vornehmen. Dazu benutzt man Kelle oder Spaten.

an die Randeinfassung und die Hauswand ausgelegt ist, spannt man Schnüre parallel zu Hauswand und Randeinfassung bis zum gegenüberliegenden Terrassenende.

Ganz besonders wichtig beim Verlegen der Klinker ist es, zwischen den Steinen eine einheitlich breite Fuge von 3–5 mm zu lassen. Auch wenn die Klinker mit seitlichen Wülsten als Abstandhalter versehen

Im Fischgrätverband kommt die changierende Färbung der Klinkersteine besonders gut zur Geltung. Alle Steine liegen in der richtigen Position. Jetzt muss der Belag durch Einfegen von Fugenmaterial stabilisiert werden

Fugen einschlämmen

Nachdem das Pflaster verlegt ist und die Fugenverläufe kontrolliert sind, wird das Fugenmaterial eingebracht (1). Schräg zum Fugenverlauf fegt man den Feinsplitt (Körnung 1–3 mm) ein (2)

Anschließend wird der Feinsplitt durch Zugabe von Wasser intensiv in die Fugen eingeschlämmt (3). Mehrmaliges Fegen der gesamten Fläche sorgt dafür, dass die Fugen schließlich vollständig gefüllt sind (4)

Abrütteln

Zum Schutz der Klinkeroberfläche erhält der Rüttler eine Kunststoffschürze (1). Die Unwucht des Rüttlers wird auf eine mittlere Frequenz eingestellt (2)

Nachdem man die Fläche gleichmäßig abgerüttelt hat, führt man den Rüttler auch in den Randbereich (3) sowie entlang der Hausmauer (4)

sind, muss ein zusätzlicher Abstand eingehalten werden, damit später ausreichend viel Fugensand eingeschlämmt werden kann, der dem Pflasterbelag letztlich seine Stabilität verleiht.

Erforderliche Passstücke im Randbereich werden mit einem Zweihandwinkelschleifer (Diamantblatt) oder einer speziellen Steinsäge (Nassschnitt) hergestellt.

Die Pflasterfugen mit Feinsplitt einschlämmen

Bevor die fertig verlegte Pflasterfläche mit einem Rüttler mit Gummischuh oder Neoprene-Schutzplatte verdichtet wird, schlämmt man Brechsand (0–2 mm Körnung) in die Fugen ein. Dies wird nach dem Abrütteln nochmals wiederholt, um die Fugen vollständig zu füllen.

TIPP

Pflasterklinker, die durch Zementreste verunreinigt worden sind, können Sie mit so genanntem Zementschleierentferner säubern, der auch für Fliesenbeläge benutzt wird.

Klinkerterrassen in vielfältigen Gestaltungs-Variationen

Nach der auf den vorangegangenen Seiten vorgestellten Verlegeanleitung können Sie Ihre ganz individuelle Terrassenanlage mit Pflasterklinkern gestalten. Wie das Bild unten zeigt, lassen sich große Flächen sehr gut durch eingschobene Reihen aus Mosaikpflaster auflockern. Auch geschwungene Randeinfassungen sind möglich. Hier schließt sich ein Teich an die Terrasse an.

Beim Beispiel rechts wurden quadratische Klinker verwendet. Bei der Diagonalverlegung braucht man im Randbereich so genannte Bischofsmützen als Passsteine. Dazwischen liegen blaue Keramiksteine.

Direkt an die geschwungene Terrasse aus Klinkersteinen schließt sich ein Gartenteich an

Mit den Farben der Natur gestalten: Das Rot der quadratischen Klinkerplatten und das Grün des üppig bewachsenen Gartens bieten ein harmonisches Gesamtbild

Terrassen, Wege und Gartenanlagen

Für die Terrasse sowie alle befestigten Flächen im Garten sind Pflastersteine der ideale Belag

Pflasterterrasse mit Materialmix

Bei der hier gezeigten Terrassenanlage werden edle Steinplatten im Format 40 x 40 cm verarbeitet. Um die Fläche aufzulockern, kommt zwischen die Platten Mosaikpflaster aus Granit. Seitlich schließt sich ein Steinkreis aus verschiedenfarbigem Mosaik an. Unterschiedliche Verlegemuster und Materialmix bestimmen also das Bild.

Im Gegensatz zur zuvor gezeigten Terrasse sind hier ein anderer Aufbau und auch eine andere Verlegetechnik erforderlich.

Der Unterbau

Das Haus steht auf einem sehr lehmhaltigen Boden, der keine ausreichende Dränage nach unten garantiert. Um zu verhindern, dass sich das Erdreich unterhalb des Steinbelags vollsaugt und bei starkem Frost nach oben drückt, wird die etwa 28 m^2 große Terrassenfläche zunächst 80 cm tief ausgehoben und mit geschreddertem Recycling-Material wieder aufgefüllt. Dieser Unterbau sorgt für eine ausreichende Dränage.

Um den Unterbau ausreichend tragfähig zu machen, wird er lagenweise aufgebracht, nach zuvor gespannten Schnüren nivelliert und verdichtet. Auch hier muss ein Gefälle von 1,5–2% zur Gartenseite hin beachtet werden.

Die Verlegetechnik

Da die zu verlegenden Platten und das für die Ränder und Zwischenräume vorgesehene Mosaikpflaster unterschiedliche Höhen aufweisen, können Sie die Steine nicht auf eine exakt abgezogene Bettung aus feinem Splitt verlegen. Statt dessen kommt auf das Grobplanum aus Recyc-

Verlegen im Trockenmörtel

1 Nachdem das Erdreich 80 cm tief ausgehoben wurde, bringt man Recycling-Material ein, das lagenweise nivelliert und verdichtet wird

2 Als Bettung für die Platten und das Mosaikpflaster dient eine Trockenmörtelmischung aus sechs Teilen Sand und einem Teil Zement

3 Die Bettung wird mit leichtem Gefälle zum Garten hin abgezogen. Dann legt man die ersten Platten aus. Die Zwischenräume richten sich nach dem Format der Mosaiksteine

4 Die an der Schnur ausgerichteten Platten werden nun in die Bettung gedrückt und mit Hilfe der Wasserwaage ausgerichtet

Zur Hauswand bzw. zur Terrassentür bleibt ein Abstand von drei Reihen Mosaikpflaster bis zur ersten Plattenreihe. Die Steine werden mit dem Pflasterhammer in die Bettung geklopft

Hier das Pflastern der Zwischenräume: Man muss die Steine so vermitteln, dass in etwa gleiche Fugenbreiten entstehen

Immer wieder muss die Lage der Platten mit der Wasserwaage kontrolliert werden. Mit einem Gummihammer lassen sich die Platten anklopfen und ausrichten

ling-Material eine etwa 10 cm hohe Lage aus trocken mit Zement vermischtem Sand. In dieses Bett werden zunächst die Platten reihenweise gelegt und mit dem Pflasterhammer einzeln nach der Schnur ausgerichtet und mit Hilfe der Wasserwaage auf gleichmäßiges Niveau gebracht.

Im nächsten Arbeitsschritt füllt man dann den Randbereich zur Hausseite mit Mosaikpflaster. Anschließend pflastert man die Zwischenräume der Platten mit den kleinen Granitsteinen. Auf diese Weise wird eine Plattenreihe nach der anderen verlegt, bis die Kante zum Garten hin erreicht ist. Hier bildet eine Reihe Basaltgroßpflaster mit Rückenstütze den Abschluss.

Die fertig gepflasterte Terrassenfläche kann bei der hier beschriebenen Verlegetechnik nicht mehr abgerüttelt werden.

8 Reihe für Reihe wird der Belag aufgebracht. Den Abschluss zur Gartenseite bildet Großpflaster aus Basalt mit einer Rückenstütze

Letzte Korrekturen des Niveaus der Platten und Steine werden durch leichte Hammerschläge auf ein aufgelegtes Kantholz erreicht. Stabilität erreicht der Unterbau, indem das Sand-Zement-Gemisch der Bettung abbindet und sich erhärtet. Nach zwei Tagen ist die Fläche belastbar. Dann werden die Fugen mit Sand eingeschlämmt.

9 An der rechten Flanke bleibt eine Aussparung für den Übergang zu dem vorgesehenen Mosaik-Steinkreis

Verlegen in Trockenmörtel

Die hier gezeigte Verlegetechnik, bei der die Platten und Steine in Trockenmörtel gesetzt werden, können Sie nur bei trockenem Wetter durchführen. Starker Regen würde das Gemisch sehr schnell abbinden lassen. Ein gleichmäßiges Ausrichten der Steine ist dann kaum noch möglich. Außerdem kommt es bei Regen leicht zu Zementflecken auf den Steinen.

10 Ist der Mittelpunkt des Kreises festgelegt, schlägt man ein Schnureisen ein und überträgt die Endhöhe des Belags von der bereits gepflasterten Fläche mittels einer Wasserwaage

Für den Unterbau des Mosaik-Steinkreises wird Recycling-Material eingebracht und verdichtet (11). Als Bettung für das Mosaikpflaster dient dann wieder trocken mit Zement vermischter Sand. Mit Hilfe einer Schnur markiert man die zu pflasternde Kreisfläche (12)

11

12

Nachdem sieben Kreise aus Mosaikpflaster gelegt worden sind, folgen zwei Kreise aus Basalt-Großpflaster

13

14 Für die Flächen zwischen plattierter Terrasse und Mosaik-Steinkreis müssen exakt passende Steine ausgesucht werden. Zuletzt arbeitet man auch mit halbierten Steinen

15 Der Steinkreis aus Mosaikpflaster bildet einen attraktiven Hingucker

Mosaik-Steinkreis pflastern

Für den sich seitlich an die Terrasse anschließenden Mosaik-Steinkreis wird ein Unterbau aus Sand-Zement-Gemisch aufgebracht. Mit einer Eisenstange in der Kreismitte und einer Schnur lässt sich der Pflasterkreis anreißen. Dann werden von innen nach außen die Pflastersteine einzeln ins Mörtelbett geklopft. Die Köpfe stehen dabei noch etwa 15 mm über der vorgesehenen Endhöhe. Alle fünf bis sechs Reihen bringt man die Steine mit einem Handstampfer auf das richtige Niveau. Zuletzt werden die Fugen mit Sand eingeschlämmt.

Mauern und Treppen aus Klinkerpflaster gliedern den Garten und schaffen verschiedene Ebenen

Optisch gegliederter Stufengarten mit Pflasterklinkern

Wann immer es möglich ist, sollte man einen Garten auf mehreren Ebenen anlegen. Stufen, Podeste, Treppen und Hochbeete machen den Außenbereich quasi zum zweiten Wohnzimmer. Mauerumrandungen laden zum Sitzen ein. Die ganze Anlage wirkt viel interessanter als die klassische Aufteilung mit Terrasse und anschließender Rasenfläche.

Die auf diesen Seiten vorgestellte Gartenanlage fällt von der Terrasse auf zwei jeweils um zwei Stufen niedrigere Ebenen ab. Seitlich wird das Terrassenniveau aber beibehalten, so dass eine Art großer Mulde entsteht. Die Höhenunterschiede werden dabei durch Mauern aus roten Klinkern begrenzt. Auch die Wege und Treppenstufen bestehen aus Pflasterklinkern.

Mit Klinkern mauern

Mauern, Treppen und Podeste, wie sie hier angelegt wurden, brauchen einen Unterbau aus Beton, damit es später keine Senkungen und Risse gibt. Diese Fundamente sollten bis in den frostfreien Bereich hinabreichen. Die hier gezeigten Mauern sind einen Stein breit, was 24 cm entspricht. Der Mauerverband ist so angelegt,

So wird gemauert

1

2

Hier das Mauern eines Podestes mit hochkant stehenden Klinkern. Als Unterbau wurde zuvor ein Betonfundament gegossen (1). Man stellt die Steine ins Mörtelbett, richtet sie aus und lässt dann den Mörtel abbinden. Am nächsten Tag stehen die Steine fest und können leicht von oben verfugt werden (2)

3

4

Für die Fugen nimmt man reinen Zementmörtel, der mit dem Fugeisen eingedrückt und glattgestrichen wird. Frische Mörtelreste sollten Sie sofort abfegen, um Zementflecken zu vermeiden (3). Wenn alle Mauern stehen, geht es ans Pflastern der Wege. Auf einen verdichteten Unterbau kommt grober Sand als Bettung für die Pflasterklinker (4)

5

Hier werden die Steine im Block- oder Parkettverband verlegt. Wenn man exakt gemessen hat, passen die Steine genau zwischen die gemauerten Umrandungen

Zur Gartenseite hin soll die Pflasterfläche leicht abfallen, damit kein Wasser gegen die Mauern läuft und sich dort staut. Eine Rückenstütze aus Mörtel stabilisiert die letzte Klinkerreihe am Rand

Feiner Fugensand wird zunächst grob verteilt und dann diagonal eingefegt

Nach dem Abrütteln ist das Pflaster belastbar. Da der Fugensand beim Rütteln etwas nachrutscht, muss ein weiteres Mal verfugt werden

Passsteine

Wer keinen Winkelschleifer oder gar eine Steinsäge besitzt, kann Klinker auch mit einem scharfen Meißel trennen, um Passsteine herzustellen.

dass jeweils eine Schicht querliegender Klinker den oberen Abschluss bildet. Bei Stufen und Podesten werden die Steine hochkant verarbeitet. Die Steinhöhe entspricht dann gleichzeitig der Stufenhöhe. Wichtig ist, dass stets vollfugig gemauert wird, damit keine Feuchtigkeit ins Mauerwerk eindringen kann.

Die Wege pflastern

Wenn alle Mauern, Stufen und Podeste stehen, geht es ans Pflastern der dazwischen liegenden Wegeflächen. Hier wird in der bereits bekannten Weise zunächst der Mutterboden ausgehoben und dann eine wasserdurchlässige Tragschicht eingebaut und verdichtet. Als Pflasterbett reicht grober Sand, der mittels eines langen Richtscheits abgezogen wird. Beachten Sie dabei, dass die Pflastersteine beim späteren Abrütteln je nach Festigkeit des Unterbaus noch 1–2 cm absinken.

Integrierter Teich

Wie das große Foto rechts zeigt, ist in die auf dem unteren Gartenniveau entstandene, von Klinkern umrahmte Mulde ein

Gartenteich eingebaut worden. Einen solchen Teich legt man am besten mit Folie an. Zunächst wird das Teichprofil aus Sand geformt, wobei umlaufend eine gleich hohe Uferzone entstehen muss.

Dann legt man die Folie bei möglichst warmem Wetter ein, weil sie dann weich ist und sich am besten den Konturen des Untergrunds anpasst. Die Ränder der Folie sollten die gemauerte Einfassung zunächst noch großzügig überdecken. Die Überstände werden erst ganz zum Schluss abgeschnitten. Die gesamte Folie wird anschließend mit einer Schicht Sand oder Kiese abgedeckt. An den Böschungen schichtet man größere Steine so übereinander, dass auch dort die Folie überall bedeckt ist. Gleichzeitig setzt man Pflanzen in speziellen Kunststoffkörben ein. Schließlich schneiden Sie die überstehende Folie ab und bedecken die hochstehenden Ränder mit weiteren größeren Steinen und dazwischen gesetzten Uferpflanzen.

TIPP

Die Zuschlagstoffe für einen universell verwendbaren Mauermörtel sind Kalk, Zement und Sand. Sie werden im Verhältnis 1:2:8 mit Wasser gemischt.
Für nach oben offene Fugen sollte man reinen Zementmörtel nehmen, der widerstandsfähiger ist.

Hier ein gegabelter Klinkerweg. Beim Verschwenken der Wegführung entstehen unterschiedlich breite Fugen, was die Optik der Klinkerpflasterung allerdings nicht beeinträchtigt

Rechts sehen Sie einen einfachen Weg aus Trittsteinen, die im Rasen liegen. Beim Verlegebeispiel daneben wird die Krümmung des Weges durch keilförmige Unterbrechungen erreicht, die mit Kieseln gepflastert sind

So entstehen gepflasterte Wege rund ums Haus

Wie breit und wie stark belastbar Wege im Außenbereich des Hauses sein sollen, hängt von den unterschiedlichen Gegebenheiten ab. Im einfachsten Fall werden Platten von 40 x 40 cm Größe mit Schrittabstand in einer Rasenfläche verlegt. Dazu sticht man den Rasensoden aus, gibt Sand in das entstehende Loch und setzt die Platten ein.

Für etwas breitere Gartenwege muss das Pflasterbett komplett mindestens einen Spaten tief ausgehoben und dann mit

Sand gefüllt werden. Bei geringer Belastung ist eine Randbefestigung nicht erforderlich. Bei solchen Wegen muss man aber in Kauf nehmen, dass die Steine mit der Zeit ein wenig verrutschen, so dass sich kein einheitliches Pflasterbild mehr bietet.

Belastbare Wege anlegen
Stärker belastbare Wege, bei denen die Pflastersteine auch nach Jahren noch in gleicher Höhe und Position stehen, brauchen einen Unterbau, wie wir ihn schon vom Terrassenbau her kennen.

Zunächst muss man die Breite festlegen. Bei einem Hauptweg – beispielsweise durch den Vorgarten zum Hauseingang – sollten zwei Personen bequem aneinander vorbeigehen können. Hier beträgt das Mindestmaß 110 cm. Bei kleineren Gartenwegen reichen auch 60–80 cm Breite.

Der Wegeverlauf richtet sich nach der Nutzungsart und den örtlichen Gegebenheiten. Achten Sie bei altem Baumbewuchs darauf, ausreichenden Abstand zu den Wurzeln zu halten. Sich ausbreitende Wurzeln können die Pflasterung anheben.

In der Regel hebt man den Mutterboden etwa 40 cm tief aus und bringt eine wasserdurchlässige Tragschicht ein, die mit dem Rüttler verdichtet wird. Im nächsten Schritt verlegt man die Randsteine im Mörtelbett und formt zur Gartenseite hin eine Rückenstütze.

Sind die Randsteine exakt höhengleich verlegt, fällt es nicht schwer, den Sand oder Splitt der Bettung wie über eine Lehre sauber abzuziehen. Danach werden die Pflastersteine im vorgesehenen Muster verlegt und verfugt. Dann wird abgerüttelt und zuletzt ein weiteres Mal verfugt.

Der Aufbau eines Weges

1 Zuerst wird die Tragschicht eingebracht und verdichtet

2 Dann zieht man die Pflasterbettung mit einem Brett oder einer Aluschiene ab

3 Zwischen den im Mörtelbett verlegten Randsteinen wird nun die Fläche gepflastert

4 Hier läuft die Pflasterung zweier Wege ineinander

Wege in allen Variationen

Haben Sie beim Anlegen von Wegen rund ums Haus ruhig ein wenig Mut zum Experimentieren mit Formen, Farben und Pflastermaterialien. Das Bild unten beispielsweise zeigt einen Weg, der von einer Holzterrasse zu einem Steg aus Fertigbeton führt. Die Rechteckklinker liegen im linearen Verband und sind seitlich sowie am Weganfang mit rötlichem Mosaikgranitpflaster eingefasst.

Ob gerade oder geschwungen – Pflasterwege durch den Garten passen sich der natürlichen Umgebung an. Selbst bei einer so großzügigen Pflasterung wie dem Zuweg zum Haus auf der rechten Seite, wirkt die Steinfläche nicht langweilig, wenn man den Randbereich und die Stufe zur Haustür farblich absetzt.

Materialmix aus Klinker, Granit und Beton prägt das Bild bei diesem Gartenweg zur Holzterrasse (1). Klinker im Läuferverband bilden hier den Belag (2). Klares Fugenbild auf verschlungenen Wegen (3)

1

2

3

Der Eingangsbereich als architektonisches Gesamtkonzept: Im Dialog mit der umgebenden Natur bietet das Pflaster ein abwechslungsreiches Bild

Höfe, Plätze und Zufahrten

Je größer die Pflasterflächen sind, umso wichtiger sind auflockernde Verlegemuster oder eingearbeitete Ornamente

Ein Hof wird zum Pflasterkunstwerk

Wo große Flächen durch Pflastersteine befestigt werden müssen, besteht stets die Gefahr der Eintönigkeit. Durch interessante und wechselnde Verlegemuster lassen sich solche Flächen auflockern. Auch Materialmix verschiedener Steinarten und -farben bringt Spannung ins Pflasterbild. Man kann das Pflaster aber auch zum Kunstwerk machen, indem man mit verschiedenfarbigen und verschieden großen Intarsiensteinen attraktive Ornamente in die Fläche legt.

Beim hier gezeigten Verlegebeispiel wurden Steine des Programms „La Linia" von „Stein und Design" verwendet (Programmübersicht siehe S. 71). Die Steine besitzen feingestrahlte Oberflächen und bestehen aus farbigen Natursteinsplitten, die beson-

CAD-Service

Lassen Sie sich Ihr Wunsch-Pflaster auf dem Computer-Bildschirm präsentieren! Einige Pflaster-Anbieter helfen ihren Kunden mit dem CAD-Service, die richtige Wahl zu treffen (CAD = Computer Aided Design). Gleichzeitig mit dem Verlegebild wird eine Materialliste mit den exakten Mengen der erforderlichen Steine erstellt.

Nach Plan verlegen

1

2

3

Die Arbeitsfotos auf dieser Seite zeigen, wie das große Ornament im Zentrum des Hofes entsteht (siehe linke Seite). Die dafür erforderlichen Steine und Intarsien-Elemente sind im Verlegeplan genau bezeichnet. Wie ein Puzzle entsteht das vorher ausgesuchte Verlegebild

4 Hier wird gezeigt, wie die Einfahrt von der Straße zum Hof gepflastert wird. Dort lockert ein erstes etwas kleineres Ornament die Fläche auf

5 Verschiedenfarbige Steine in wechselnden Formaten fügen sich zum gewünschten Verlegebild zusammen

6 Das kleine Ornament in der Einfahrt von oben gesehen

7 Immer wieder wird der Verlegeplan zurate gezogen. Der Computerausdruck bildet eine narrensichere Anleitung

ders strapazierfähig sind. Durch das Feinstrahlen werden die einzelnen Natursteinkörper freigelegt, was die Oberfläche attraktiv und dabei gleichzeitig schmutzunempfindlich macht. Verschiedene Steingrößen und Formate erlauben eine Vielzahl ganz unterschiedlicher Verlegemuster.

Farbauswahl

Die Intarsiensteine des Programms „La Linia“ sind in vier verschiedenen Farben erhältlich: Granithell, Granitgrau, Blau und Basaltanthrazit. Es gibt Streifen, Dreiecke, Quadrate und einen Rechteckstein von 10 x 20 cm (siehe Übersicht auf S. 71).

Intarsiensteine verarbeiten

Für besonders kreative Pflasterarbeiten bietet das hier vorgestellte Programm zudem verschiedenfarbige ins Raster des Formats passende Intarsiensteine, mit denen sich Muster, Rahmen und Ornamente legen lassen.

Wer sich an kreative Pflasterarbeiten heranwagen will, sollte seine Ideen stets maßstabsgetreu aufzeichnen, um sich ein möglichst detailgetreues Bild des späteren Aussehens machen zu können.

Ebenso wichtig ist die exakte Aufstellung der benötigten Steinmengen verschiedener Formate und Farben. Um hier auf Nummer Sicher zu gehen, kann man den CAD-Service in Anspruch nehmen, den einige große Firmen anbieten (siehe Info-Kasten S. 67). Dazu gehören ein Computerbild und die genaue Material-Aufstellung. Die Kosten für den individuellen Entwurf werden beim Kauf des Materials zu 50% gutgeschrieben.

So besitzt man eine genaue Verlegeanleitung und geht zudem sicher, keinen einzigen Stein unnötig bestellt und bezahlt zu haben. Eine Rückgabe überschüssigen Materials ist in den meisten Fällen nämlich nicht möglich.

Dekorative Ornamente nach Plan verlegen

Der in unseren Fotos gezeigte Hof sollte nach individuell gefertigtem CAD-Verlegeplan mit vier verschiedenen Ornamenten versehen werden.

Der Aufbau von Tragschicht und Bettung aus Feinsplitt wurde so durchgeführt, wie auf Seite 21 gezeigt. Das eigentliche Verlegen der Steine gleicht dann teilweise einem Puzzle-Spiel.

Aus der gesondert gepackten Palette mit den Intarsiensteinen sucht man die erforderlichen Elemente heraus und fügt sie Stück für Stück zusammen. Immer wieder muss dabei das Verlegebild mit dem Computerausdruck verglichen werden. Die hohe Maßhaltigkeit der Steine sorgt dafür, dass auch bei sehr unterschiedlichen Formen und Formaten das Grundraster des Steinprogramms präzise eingehalten wird und alles genau zusammenpasst.

Verlegemuster

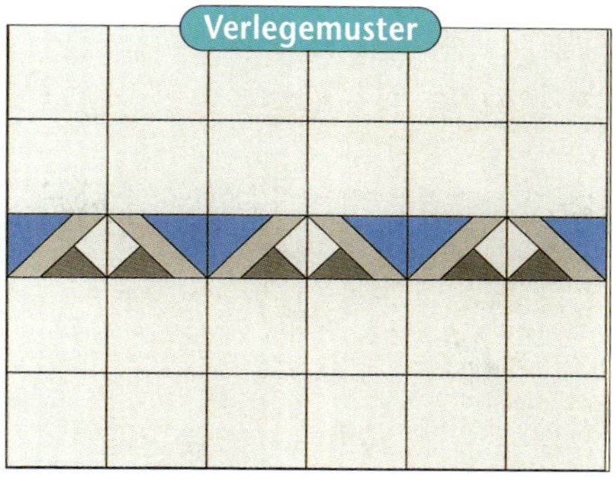

Weitere beispielhafte Verlegemuster aus dem Katalog des Steinlieferanten

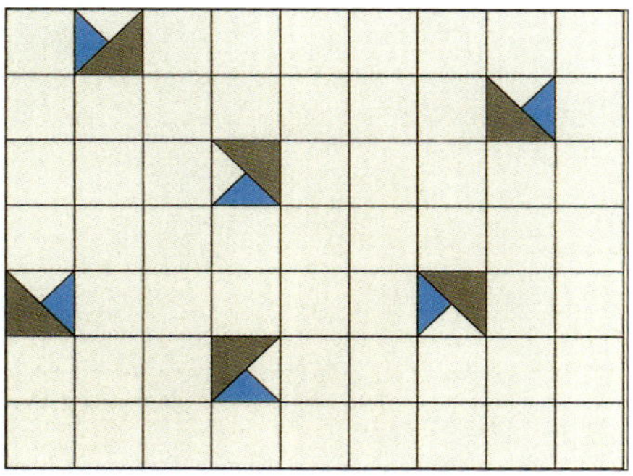

Hier verschönern Ornamente aus Intarsiensteinen eine Garagenzufahrt

Versickerungsfähiges Pflaster in der Kombination mit Intarsiensteinen (unten)

Ein System – viele Möglichkeiten der Gestaltung

Um bei der Gestaltung der Außenanlagen ein homogenes Erscheinungsbild erzielen zu können, braucht man ein Pflasterprogramm mit Elementen für die verschiedensten Anwendungsmöglichkeiten. Die hier gezeigten Steine lassen sich beispielsweise auch mit wasserdurchlässigem Pflaster kombinieren. So wird eine durchgängige Versiegelung der Fläche vermieden, ohne dass das Pflaster eintönig wirkt. Daneben gibt es auch Stelen und Palisaden für die Randeinfassung oder das Abstützen von Böschungen. Wie das Bild unten links beweist, lassen sich mit Granitsplitt hergestellte Betonsteine auch mit dem Naturstein Granit – hier als Trockenmauer – hervorragend kombinieren. Das Bild unten rechts zeigt eine weitere Variante der Verwendung farbiger Intarsiensteine.

Das Programm „La Linia" in der Übersicht

Wer sich für Pflastersteine aus einem breit gefächerten System entscheidet, findet für jede Anwendung das richtige Material – von der großformatigen Platte bis hin zur Palisade

Dieser Hof bietet Platz für einen Baum im Zentrum der Fläche. Ein Pflasterkreis rahmt die erforderliche Baumscheibe ein

Pflastern rund um eine Baumscheibe im Zentrum des Hofes

Die Natur sollte bei der Gestaltung von Außenanlagen immer im Vordergrund stehen. Auf einer größeren Hoffläche beispielsweise bietet es sich an, ins Zentrum einen schönen Baum zu pflanzen, der später Schatten spendet. Wird die Fläche dann gepflastert, rahmt man die Baumscheibe mit einem Pflasterkreis ein.

Die hier gezeigten Arbeitsfotos setzen ein, nachdem bereits die erste Hälfte des Hofes gepflastert ist. Auf einen verdichteten Unterbau aus Recycling-Material ist eine Splittschicht als Bettung der Pflastersteine aufgebracht und abgezogen worden.
Die aus einem Betonpflaster-Programm gewählten Steine sind 30 x 30 cm bzw. 15 x 15 cm groß. Durch die Kombination der verschiedenen Steingrößen ergibt sich ein lebhaftes Verlegemuster.

Kreise pflastern

Die Baumscheibe soll durch drei Kreise aus 15 cm breiten Kreissteinen eingerahmt werden. Sobald man die Außenkante dieses Rings beim Auslegen des Flächenpflasters erreicht, wird zuerst der Kreis gepflastert, ehe man rundherum in der Fläche weiterarbeitet.

Die Verlegeschritte

Zuerst wird der Radius des inneren Kreises im Splitt angerissen (1). Zur Markierung der Höhe spannt man eine Schnur über die seitlich bereits gepflasterte Fläche (2)

Nun kratzt man den Splitt im Bereich des inneren Rings bis auf die Tragschicht weg (3). Dann wird erdfeuchter Mörtel als Bettung der Steine aufgetragen (4)

Der erste Kreisstein wird mit einem inneren Radius von genau 61,5 cm ins Mörtelbett gesetzt (5). Bei jedem weiteren Kreisstein legt man die markierte Schnur an, um den gewünschten Radius beizubehalten (6)

Mit Hilfe der Wasserwaage lässt sich die Höhe der Kreissteine kontrollieren (7). Falls erforderlich, werden die Steine dann mit dem Gummihammer tiefer ins Mörtelbett geklopft (8)

Kontrolle der Steinhöhe durch Auflegen eines langen Richtscheits (9). Ein Kantholz dient als Unterlage, wenn die Steine nachgeklopft werden müssen (10)

Der innere Ring erhält eine Rückenstütze aus Mörtel (11). Hier wird bereits der zweite Steinring geschlossen (12). Nachdem auch der dritte Kreis gelegt ist, geht das Pflastern der Fläche mit ganzen Steinen weiter. Zuletzt schließt man die verbleibenden Lücken mit zugeschnittenen Passsteinen

Der innere Ring des Pflasterkreises muss im Mörtelbett verlegt werden, um so einen festen Randabschluss zu erreichen. Dazu schlägt man mit Hilfe einer Schnur einen Kreis im vorgesehenen Radius. Der Hersteller bietet in seinen technischen Unterlagen Zeichnungen für die Kreisverlegung, bei denen verschiedene Radien mit dem exakten Steinbedarf dargestellt sind. Für die drei kleinsten möglichen Kreise werden bei diesem Programm nur kleine bzw. große Kreissteine verwendet. Bei größeren Radien wechselt man dann zwischen großen Kreissteinen und Normalsteinen vom Format 15 x 15 cm. Ab einem Radius von 84,5 cm kann man nur noch mit Normalsteinen arbeiten.

Beim hier gezeigten Verlegebeispiel besitzt der innere Kreis an der Baumscheibe einen Radius von 61,5 cm, der dritte Kreis hat einen Radius von 84,5 cm.

Mit Hilfe von Wasserwaage und einem langen Richtscheit wird die Höhe der Pflasterfläche auf den Kreis übertragen. Wenn die Kreissteine liegen, wird rundherum weitergepflastert.

Das Programm „Siena" in der Übersicht

Oben ein Pflasterkreis aus den gleichen Steinen, die allerdings mit Kleinpflaster aus hellem Granit kombiniert wurden. Links: Neben Normalsteinen und Kreissteinen gibt es Diagonalsteine, so genannte Bischofsmützen, und verschieden hohe Palisaden

Hier die fertig gepflasterte Garagenzufahrt. Je nach Abwasser- bzw. Regenwassersatzung der jeweiligen Kommune kann sich bei Verwendung versickerungsfähigen Pflasters der Beitrag für die Nutzung des Regenwasserkanals deutlich vermindern

Umweltschutz: Wasserdurchlässige Pflastersteine verlegen

Wenn Terrassen oder Gartenwege konventionell gepflastert sind, fließt das Regenwasser in der Regel durch das leichte Gefälle der versiegelten Flächen hin zum Rasen oder zu Gartenbeeten, wo es versickert.

Im Bereich von Garagenzufahrten oder Parkplätzen ist ein Versickern im Randbereich des Pflasters aufgrund der Flächengröße meist nicht möglich. Hier müssen Punkt- oder Linienentwässerungen vorgesehen werden, die das Regenwasser dann in die Kanalisation ableiten.

Eine solche Versiegelung großer Flächen stellt einen erheblichen Eingriff in den natürlichen Wasserhaushalt dar. Das Grundwasser kann zurückgehen. Abhilfe schafft in vielen Fällen die Verwendung von Pflastermaterialien, die einerseits die erforderliche Stabilität der Oberfläche bieten, andererseits aber das Niederschlagswasser durchsickern lassen. Auf diese Weise wird die Versiegelung der Flächen vermieden.

Die hier gezeigten Betonpflastersteine beispielsweise besitzen ein patentiertes „Kanalisations-System". Horizontale und vertikale Kanäle an den Steinflanken leiten auch große Niederschlagsmengen ungehindert in den Boden ab. Andere Steinsysteme ermöglichen das Versickern durch ihre poröse Struktur oder durch Rasenkammern bzw. besonders breite Fugen. Die Verlegung solcher Pflastersteine entspricht, wie die Arbeitsfotos zeigen, den bereits bekannten Techniken.

Boden prüfen

Bevor Sie versickerungsfähiges Pflaster verlegen, müssen Sie prüfen, ob der darunter liegende Boden ausreichend versickerungsfähig ist. Graben Sie dazu ein Loch von 40 x 40 x 40 cm, das Sie bei normaler Erdfeuchtigkeit (eventuell vornässen) 20 cm hoch mit Wasser füllen. Messen Sie dann, um wie viele Zentimeter der Wasserspiegel nach 10 Min. gefallen ist. Das Verhältnis Wasserstandsänderung zu Versickerungsdauer ergibt die Versickerungsrate.
Beispiel: 5 cm in 10 Minuten ergibt eine Versickerungsrate von 0,5. Optimal für die Verlegung von Versickerungspflaster sind Versickerungsraten von 0,12 und größer.

Dränagepflaster

Nur wenn der Untergrund ausreichend wasserdurchlässig ist, kann Dränage-Pflaster verlegt werden (1). Im ersten Schritt wird eine wasserdurchlässige Tragschicht aus Schotter oder Recycling-Material eingebracht (2)

Lagenweise wird die Tragschicht mit dem Rüttler verdichtet (3). Dann bringt man eine Bettung aus Splitt auf und zieht sie über Rohrlehren sauber ab (4)

Nun können die versickerungsfähigen drain STON-Pflastersteine im Verband ausgelegt werden (5). Für das Verfugen muss man speziell auf das Steinsystem abgestimmtes Material der Körnung 1-3 mm verwenden (6)

Zum Abrütteln wird eine Kunststoffschürze unter die Rüttelplatte gesetzt, damit die Oberfläche der Steine nicht beschädigt wird (7). Beim Abrütteln sackt das Fugenmaterial nach, so dass anschließend ein weiteres Mal verfugt werden muss (8)

Obwohl hier die Pflasterfläche aus Klinker und Granit großzügig angelegt wurde, wirkt das Ganze sehr aufgelockert (rechts)

Die gleiche Anlage von der Straße her gesehen (unten). Klinker und Granit passen ausgezeichnet zu den Materialien von Haus und Garage

Pflasterflächen rund ums Haus

Müssen größere Flächen wie Garagenzufahrten befestigt werden, besteht leicht die Gefahr, dass die Pflasterung zu eintönig wirkt. Hier kann geschickter Materialmix, wie auf dieser Seite vorgestellt, Spannung erzeugen und die Flächen optisch gliedern. Die roten Klinkersteine und das graue Mosaikpflaster aus Granit passen harmonisch zum Baustil von Garage und Wohnhaus.

Auf der rechten Seite zwei Beispiele für hochwertiges Betonpflaster, einmal im streng einheitlichen Verlegemuster, einmal kombiniert mit geschwungenen Bänderungen aus Kleinpflaster.

Viel Platz zum Spielen vor dem Haus: Dennoch ist die Fläche nicht versiegelt, denn die Steine lassen das Regenwasser ungehindert versickern

Granithelle Betonpflastersteine wurden unten mit Bänderungen aus Natursteinen kombiniert. Ein gelungener Materialmix

Treppen, Palisaden und Sonderelemente

Die Programme der Pflasterhersteller bieten mittlerweile Materialien für nahezu alle Problemfälle der Außengestaltung

Treppen und Wege erschließen und gliedern einen Garten. Treppen werden grundsätzlich dann angelegt, wenn das Weggefälle mehr als 7% beträgt, das sind 7 cm Höhenunterschied auf 1 m Wegstrecke. Steilere Wege sollten aus Gründen der sicheren Begehbarkeit grundsätzlich vermieden werden.

Bau von Stufen und Treppen mit Palisaden und Pflastersteinen

Geradezu ideal für den Treppenbau sind Palisadenelemente, wie sie heute in den meisten Betonpflaster-Programmen angeboten werden. Da Wege und Treppen eine gestalterische Einheit bilden, bietet es sich an, durchgängig mit einem einheitlichen Material zu arbeiten. Dabei setzt man zuerst in der bereits mehrfach beschriebenen Weise die Randsteine der Wege ins Mörtelbett. Dann werden die Treppenflanken und die Vorderkanten der Stufen aus in Magerbeton versetzten Minipalisaden gebildet. Wegflächen und Auftrittflächen der Stufen lassen sich dann wie bekannt pflastern. Man muss die Auftritte so bemessen, dass stets mit ganzen Steinen gearbeitet werden kann. Die Höhe der Stufen sollte im Garten das Maß von 15 cm nicht übersteigen.

Wenn der Garten am Hang liegt oder eine ebene Fläche aus gestalterischen Gründen auf unterschiedliche Niveaus gebracht werden soll, braucht man Stützmauern zur Befestigung des Erdreichs. Solche Mauern können beispielsweise aus speziellen Böschungssteinen bestehen (siehe Bild links) oder man arbeitet mit Betonpalisaden. Palisaden, die zur Befestigung von Böschungen eingebaut werden, müssen unbedingt auf einem Betonfundament ruhen. Zur frostsicheren Gründung muss

Zwei Beispiele für Treppengestaltung mit Minipalisaden und passenden Pflastersteinen: Oben das Podest vor einem Hauseingang, links eine kreisförmig angelegte zweistufige Treppe. Unten sehen Sie ein Podest vor einer Haustür, das mit Natursteinen eingefasst wurde. Die Pflasterklinker sind blau glasiert

So lassen sich Pflasterklinker und Natursteine zu Treppen und Podesten kombinieren

unter dem Fundament eine mindestens 10–15 cm starke Filterschicht aus verdichtetem Kies angelegt werden.

Die Einbautiefe der Palisaden beträgt mindestens ein Viertel, besser noch ein Drittel der Gesamthöhe. Am Fuß der Palisaden baut man auf der Hangseite eventuell eine Dränage aus groben Kieseln oder aus Schotter ein, damit sich dort keine Staunässe bildet.

Treppen aus Blockstufen

Zum Bau von Treppen rund ums Haus werden heute die verschiedensten Fertigelemente angeboten. Besonders beliebt sind so genannte Blockstufen. Diese einteiligen Elemente lassen sich sehr rationell verarbeiten.

Bevor es an den Bau einer Treppe geht, müssen Stufenzahl und Steigungsverhältnis berechnet werden. Die Stufenzahl ergibt sich, indem man den ermittelten Höhenunterschied durch die gewünschte Stufenhöhe dividiert. Die Stufenhöhe sollte 15 cm nicht überschreiten. Man verändert die Stufenhöhe dann so, dass sich in der Rechnung eine glatte Stufenzahl ergibt. Bei der Tiefe des Auftritts gilt die bereits angesprochene Regel: zwei Stufenhöhen plus eine Auftrittstiefe sollen etwa 65 cm ergeben. Das heißt: Je höher die Stufen, desto kürzer die Auftrittstiefen.

Aus Beton gegossene Blockstufen lassen sich gut verarbeiten, sind aber ausgesprochen schwer. Man muss immer zu zweit arbeiten. Da die Stufenhöhe mit 15 cm festliegt, kann man beim Treppenbau nur die Ebenen unterhalb und oberhalb der Treppe durch entsprechende Neigungen anpassen.

Die unterste Stufe wird auf ein frostfrei gegründetes 20 cm tiefes Betonfundmant gesetzt. Für die weiteren Stufen genügt dann ein Unterbau von 10 cm Beton auf einer Schicht Kies. Die Stufen werden in den frischen Beton gesetzt und durch Schläge mit einem Gummihammer ausgerichtet. Zuerst bringt man sie in Längsrichtung in die Waage. Dann werden sie vorn etwa um 1 cm abgesenkt, damit das Regenwasser gut abfließen kann.

Abgestufte Wege

Der Klinkerweg macht einen Schwenk und überwindet die leichte Steigung durch flächige Stufen

Links: Dekorativ gerundete Stufen passen hervorragend zum kreisförmig verlegten Mosaikpflaster aus kleinen Klinkern. Unten: ein Weg zur Haustür mit massiven Blockstufen

Die Treppe rechts besteht aus kleinformatigen Blocksteinen passend zu den Platten der Terrasse. Unten das gleiche Steinmaterial in der Form treppenbreiter Blockstufen

Die einzelnen Stufen müssen mit 1–2 cm Überlappung verlegt werden. Während des Versetzens der Stufen sollten Sie die Auftrittstiefe immer wieder kontrollieren und die Wasserwaage auflegen.

Es gibt Blockstufen in Längen zwischen 50 und 150 cm Länge. Um bei breiteren Treppen durchlaufende Fugen zu vermeiden, sollten Sie die Elemente von Stufe zu Stufe versetzt zueinander anordnen.

Hier wurde Granit-Kleinpflaster verarbeitet. Kurze Palisaden aus dem gleichen Material rahmen die Stufen ein

Mauerscheiben und mörtellose Mauersysteme

Neben den bereits angesprochenen Stein-Palisaden gibt es L-förmige Böschungselemente zum Abstützen von Hängen. Diese auch Mauerscheiben genannten Teile werden auch als rechteckige Innen- und Außenecken sowie in konvexer bzw. konkaver Form angeboten. Damit können Sie die Hangbefestigung jeder Geländeform und jedem Gestaltungswunsch anpassen. Als Unterbau brauchen Sie frostfrei gegründete Fundamente aus Magerbeton. Das große Bild links zeigt ein Anwendungsbeispiel mit Treppe und Pflasterung mit passenden Blockstufen und Steinen.

Das auf der folgenden Doppelseite gezeigte Mauersystem Linaro besteht aus Steinen, die man vor Ort trocken aufeinanderschichtet. So kann man ohne Mörtelfugen hochwertiges Mauerwerk in professioneller Qualität herstellen.

Stelen mit rechteckigem Querschnitt stützen hier den Hang. Sie bestehen aus dem gleichen Material wie die Pflasterung im Vordergrund

Mit Mauersystemen aus trocken aufeinander geschichteten Steinen lassen sich Trennwände und Abstützungen in jeder Form bauen

Linaro-Mauersystem

Lediglich die erste Steinlage wird im Mörtelbett auf einem gegossenen Betonfundament versetzt. Hierbei ist äußerste Präzision gefragt, damit die folgenden Lagen möglichst nicht mehr korrigiert werden müssen. Angearbeitete Nut- und Federprofile sorgen für eine formschlüssige Verbindung der im Halbverband aufeinandergesetzten Steine.

Zusätzlichen Halt bekommt das trocken geschichtete Mauerwerk durch Ausbetonieren der runden Kammern, die jeder Stein aufweist. Diese Hohlräume erlauben es zudem, Bewehrungsstäbe aus Stahl einzustecken. Sie verstärken den verbindenden Beton und können die Mauer auch im Fundament verankern. Die zum System gehörenden Abdecksteine werden mit Spezialkleber punktweise befestigt. Zusätzlich dichtet man sie mit Silikon ab.

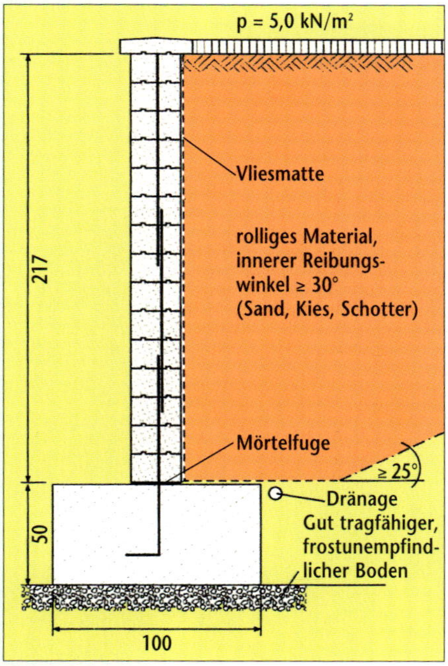

Das Mauersystem kann nicht nur frei stehend errichtet werden, sondern stützt auch Böschungen und Hänge. Dazu muss ein Betonfundament gegossen werden, in das man Bewehrungsstäbe einlässt, die dann in die Hohlkammern der Steine führen. Weitere Bewehrungsstäbe stabilisieren den Verbund der Steinlagen. Zum Hang wird das Mauerwerk durch Vlies abgedeckt. Eine Dränage verhindert Staunässe

Sonderelemente machen den Garten wohnlich

Damit die Gartengestaltung aus einem Guss möglich wird, hat man ergänzend zu Pflastersteinen, Treppen, Mauern usw. ins System passende Sonderelemente entwickelt, mit denen sich Akzente setzen lassen. Es gibt Brunnenkreationen, Pflanzgefäße, Bänke, Lichtelemente und vieles mehr, um den Garten so richtig wohnlich zu machen.

Das große Bild rechts zeigt zwei Steinobjekte mit konvexer bzw. konkaver Oberfläche, aus denen Wasser sprudelt und vom Auffangbecken über eine Steinrinne zu einem tiefer liegenden Becken geleitet wird, wo es dann wieder hochgepumpt wird. Der Wasserkreislauf sorgt für ein beruhigendes Plätschern. Das verdunstende Nass schafft an heißen Sommertagen ein angenehmes Kleinklima.

Das Wasserobjekt unten ist ein Quellstein mit konzentrischen Rillen. Er wird samt Einfassung als komplette Brunnenanlage angeboten

Bänke und Pflanzgefäße

Zur Pflasterung passende Bänke aus dauerhaft wetterfesten Materialien runden die Gartengestaltung ab. Stein kombiniert mit rostfreiem Edelstahl oder hochwertigem Tropenholz bietet edles Design für die attraktiven Ruheplätze. Das Zusammenspiel der kontrastierenden Materialien erzeugt Spannung und stellt zugleich den Bezug zur natürlichen und baulichen Umgebung her.

Die Pflanzgefäße aus Spezialbeton mit feingeschliffener Oberfläche erlauben es, die befestigten Flächen durch grüne Inseln aufzulockern. Gleichzeitig können Sie mit den Elementen Böschungen abfangen.

Gartenbänke mit Wangen aus massiven Steinen. Die Sitzflächen bestehen wahlweise aus Edelstahl oder edlem Tropenholz

Pflanztrog aus Beton mit feingestrahlter Natursteinoberfläche

Pflastersteine als Lichtelemente

Bei Dunkelheit entsteht im Garten eine ganz eigene Atmosphäre, die durch geschickt platzierte Lichtelemente unterstrichen wird. Zusätzlich sorgt Licht auf den Wegen für mehr Sicherheit. Die hier gezeigten Steine sind mit stabilen und dauerhaft wetterfesten Leuchten bestückt, deren Verkabelung unter der Pflasterung zu einer zentralen Stromversorgung führt.

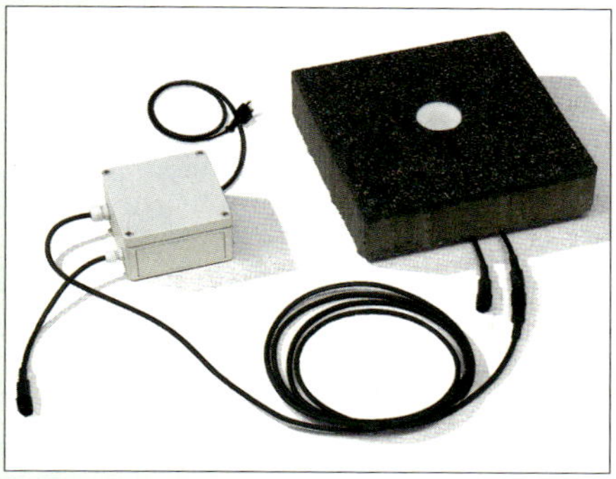

Steine mit eingebautem Licht werden in die Pflasterung eingelassen und sorgen für eine dezente und dekorative Beleuchtung des Gartens

ISBN 3-936782-03-2

Umschlaggestaltung: Wolfgang Rattay, Köln

Fotos:
Archiv; ACO Severin Ahlmann GmbH&Co. KG, Büdelsdorf: S. 22 (2);
Arbeitsgemeinschaft Pflasterklinker e. V. Bonn: S. 6, 7(1), 9, 10-11, 13-17, 19, 22(1), 27, 28-32, 36-51, 58-63, 64(3), 65, 78, 81(1), 82, 83(2);
Natürlich Stein, Klostermann GmbH&Co.KG., Coesfeld: S. 76-77;
Robert Bosch GmbH, Leinfelden-Echterdingen: S. 12;
Stein+Design: S. 7(1), 8, 18, 33-34, 52-57, 64(1), 66-75, 79, 80, 81(2), 83(1), 84-93

Besonderer Dank gilt der Arbeitsgemeinschaft Pflasterklinker e. V.,
Schaumburg-Lippe-Straße 4, 53113 Bonn (www.pflasterklinker.de) und der
Marketinggemeinschaft Stein+Design, Infodienst Stein+Design,
Alter Weg 20a, 79112 Freiburg (www.steinunddesign.de)
für die fachliche Unterstützung und die Überlassung zahlreicher Abbildungen.

Grafiken: Malcolm Powell, Köln
Layout: Wolfgang Rattay, Köln

Gesamtherstellung: eccomedia Verlag GmbH, Brühl

Druck: Appl Druck GmbH & Co. KG, Wemding

Gedruckt auf chlorfrei gebleichtem Papier

Die Schreibweise entspricht den Regeln der neuen Rechtschreibung.